Glas&Löffel

120 MAL AUGENSCHMAUS UND GAUMENFREUDE

CHRISTIAN

JACQUES & LAURENT POURCEL

VÉRONIQUE OLIVIER   FOTOS MICHAEL HIRSCH
STYLING CATHERINE NICOLAS

Glas&Löffel

120 MAL AUGENSCHMAUS UND GAUMENFREUDE

CHRISTIAN

INHALT

Seit jeher sind Künstler fasziniert von der Transparenz. Dies zeigt sich von den Malern des Barock über die Gemälde eines Francis Picabia bis zu den Plexiglaskästen von Victor Vasarely. Auf der Weltausstellung 1851 in London zog der Crystal Palace von Joseph Paxton ein Millionenpublikum in den Bann und Architekten wie Harivaux, Pierre Chareau oder Le Corbusier waren geradezu besessen von der Idee eines Glashauses. Gleichsam reduziert auf Leinwand, Stein, Beton oder Metall versucht sich die Kunst immer wieder vom Stofflichen zu emanzipieren, um ihr Heil in der Transparenz zu suchen.

Dem steht die Kochkunst in nichts nach. Viele Köche empfinden Porzellangeschirr als beengendes Korsett, von dem sie sich so weit wie möglich zu befreien versuchen, um das Eigentliche, die Speise selbst, ins Zentrum der Aufmerksamkeit zu rücken. Lange Zeit galten Gelees als Synonym für jede Art von Wackelpeter mit dubiosem Geschmack, von den herzhaften Sülzen aus dem letzten Jahrhundert einmal abgesehen. Heute jedoch strahlen sie in den schönsten Farben, um Tapiokaperlen, das durchscheinende Fleisch von Kaisergranatschwänzen oder den opaken Glanz exotischer Früchte perfekt in Szene zu setzen.

Von der Transparenz zur Transzendenz ist es nur ein Schritt – die Speise als Spiegel der Welt und der Heimat, die das ganze Reich der Sinne erschließt. Das Spiel von Licht und Schatten stimuliert den Gaumen, der nur darauf wartet, den Geschmack zu entdecken.

Jacques und Laurent Pourcel gehören zu den Wegbereitern jener Köche, die ihre Kreationen auf durchsichtigen Tellern präsentieren. Das 1999 erschienene Buch *Cuisine en Duo* war das erste Werk der kühnen Zwillinge aus dem Süden, eine denkwürdige Zusammenarbeit mit der Glaskünstlerin Véronique Ognar. Das Buch wurde zum Meilenstein und längst ist ihm sein gebührender Platz in der Geschichte der französischen Kochkunst sicher. Es markierte den Beginn einer ganzen kulinarischen Bewegung hin zur Transparenz.

Jetzt – die »gläsernen« Werke sind längst zum Synonym für ihren innovativen Stil geworden – melden sich die beiden Kochkünstler mit neuen raffinierten Kompositionen und Kombinationen zurück.

Jacques und Laurent Pourcel, diesmal unterstützt von Véronique Olivier, verweigern sich standhaft dem Trend zu weichen, texturlosen Speisen, eine uralte Mode aus dem 17. Jahrhundert, als die von Molière als »lächerlich« titulierten Preziösen (»Les Précieuses ridicules«) in Gelees und Schaumspeisen schwelgten, weil es als unfein galt, Nahrung zu kauen!

Die transparenten Schöpfungen der Pourcel-Brüder präsentieren sich vielmehr knackig und zartschmelzend zugleich, Schichten, die im Mund förmlich explodieren und sich auf raffinierte und überraschende Weise mischen. Auf jeder Seite des Buches wird diese Magie aufs Neue spürbar.

Auch die Fotografie, ebenfalls eine Kunst, erliegt der Faszination der Transparenz. Ein durchsichtiger Schleier auf einem nackten Körper, ein Lichtstrahl, der eine Materie durchdringt ... Die Durchlässigkeit erzeugt Trugbilder, Fantasiegebilde – »Zwischenbilder«. Der Werbefotograf Michael Hirsch konnte gar nicht anders, als die Glaskreationen der Pourcels mit seiner Kamera zu durchleuchten. So entführt uns das Trio mit diesem schönen Kochbuch in das kristallklare Licht einer erlesenen Sterneküche.

PHILIPPE LAMBOLEY

PIKANTES
IM GLAS

Für 10 Gläser
Vorbereitung: 40 Minuten
Garzeit: 20 Minuten

Gemüsekonfetti

1 rote Paprikaschote
½ Zwiebel
2 Zucchini
Olivenöl
1 Aubergine
1 große Tomate
10 Kirschtomaten, vorzugsweise mit Stiel
50 ml Sahne
1 Bund Basilikum
2 EL Parmesan
20 g Pinienkerne, geröstet und gehackt
Salz und Pfeffer

Kalmarsalat

300 g kleine Kalmare
Saft von 1 Limette
1 Prise gemahlener Ingwer
Piment d'Espelette (ersatzweise scharfes Paprikapulver)
Olivenöl
10 Basilikumblätter, frittiert

IN LIMETTENSAFT MARINIERTER KALMAR
UND GEMÜSEKONFETTI MIT BASILIKUMCREME

Die Paprikaschote putzen, die Zwiebel schälen. Die Zucchini waschen, das grüne Äußere in fünf Millimeter dicken Streifen abschälen, in kleine Würfel schneiden und in Olivenöl sautieren.

Die Aubergine, die Paprika und die Zwiebel in kleine Würfel schneiden und getrennt in Olivenöl sautieren. Die Tomate und die Kirschtomaten 10 Sekunden in kochendes Wasser tauchen, kalt abschrecken und häuten. Die große Tomate von den Samen und dem Stielansatz befreien und das Fruchtfleisch fein würfeln; die Kirschtomaten zum Dekorieren zur Seite legen. Die Sahne um ein Drittel einkochen.

Das Basilikum waschen. Die Blätter abzupfen und mit der Sahne und einem Esslöffel Olivenöl im Mixer pürieren. Mit Salz und Pfeffer würzen. Aubergine, Paprika, Zucchini und Zwiebel vermengen; die Tomatenwürfel, den Parmesan, die gerösteten und gehackten Pinienkerne und die Basilikumcreme zugeben und alles behutsam durchheben.

Die Kalmare säubern, gründlich waschen und 3 Sekunden in kochendem Salzwasser blanchieren. Kalt abschrecken und gut abtropfen. Die Kalmare mit dem Limettensaft übergießen, mit einer Prise Ingwer und etwas Piment d'Espelette würzen und mit einem Schuss Olivenöl vollenden.

Das Gemüsekonfetti und die marinierten Kalmare separat in Gläsern anrichten. Das Gemüse mit den Kirschtomaten garnieren, den Tintenfisch mit den frittierten Basilikumblättern dekorieren und servieren.

TIPP Dieses Rezept macht sich auch ausgezeichnet mit gewürfeltem frischem Kalmar.

Trockener, fruchtiger, mineralischer Weißwein, serviert mit 8–10 °C: Coteaux-du-Languedoc, Picpoul de Pinet 2006, Les Peyrilles, Gilles & Lisbeth Pourcel, Florensac

FEIGEN-MANDEL-TATAR MIT ORANGEN-SIRUP UND ROQUEFORT

Für 10 Gläser
Vorbereitung: 40 Minuten
Garzeit: 10 Minuten
Einweichen: 20 Minuten

Feigen-Mandel-Tatar
400 g frische Feigen • 60 g frische Mandeln, gehäutet und geviertelt (ersatzweise Mandelstifte) • 4 EL Olivenöl • 1 Prise Zimt • 1 EL Banyuls-Sirup (aus dem französischen Feinkosthandel) • 2 TL Balsamicoessig

Feigenplätzchen
100 g getrocknete Feigen • 50 g Pfefferkuchenmehl (trockene Pfefferkuchen, im Mixer zermahlen) • 50 g weiche Butter • 1 Eiweiß • 50 g Mehl

Orangensirup
500 ml frisch gepresster Orangensaft • 50 g Zucker • Saft von 1 Zitrone • 100 g Roquefort (vorzugsweise »Gabriel Coulet«) • 30 g junge Kräutertriebe und Sprossen • 50 ml Mandelöl

Für das Tatar die frischen Feigen schälen und würfeln. Mit den Mandeln vermengen und mit dem Olivenöl, dem Zimt, dem Banyuls-Sirup und dem Balsamicoessig würzen. Das Feigen-Mandel-Tatar in Gläsern anrichten und kalt stellen.

Für die Feigenplätzchen den Ofen auf 210 °C vorheizen. Die getrockneten Feigen 20 Minuten in lauwarmem Wasser einweichen, abtropfen lassen und mit dem Pfefferkuchenmehl, der Butter, dem Eiweiß und dem Mehl im Mixer zermahlen. Ein Blech mit Backpapier bedecken, die Masse in Form von Dreiecken auftragen und 10 Minuten im Ofen backen.

Den Orangensaft in einem Topf mit dem Zucker verrühren und sirupartig einkochen. Den Zitronensaft untermengen. Das Feigen-Mandel-Tatar mit dem Sirup beträufeln und mit Roquefortspänen garnieren. Die Kräuter und Sprossen mit dem Mandelöl würzen, dekorativ auf dem Tatar arrangieren und mit den Feigenplätzchen servieren.

TIPP Der Roquefort lässt sich am besten mit einem Käsedraht, den Sie zuvor in sehr heißes Wasser tauchen, in Späne hobeln.

FRISCHE FEIGEN MIT GERÄUCHERTEM SPECK VOM BIGORRE-SCHWEIN UND ORANGEN-KAROTTEN-KARAMELL →

Für 10 Löffel
Vorbereitung: 20 Minuten
Garzeit: 45 Minuten

500 ml Orangensaft • 1 l Karottensaft • Saft von ½ Zitrone • 2 EL Olivenöl • 3 dunkle Feigen • 10 hauchdünne Scheiben geräucherter Bauchspeck (vorzugsweise vom Bigorre-Schwein) • 5 frische Mandeln, gehäutet

Den Orangensaft und den Karottensaft in einem Topf vermengen, sirupartig einkochen und durch ein feines Sieb gießen. Den Zitronensaft zugeben und langsam unter ständigem Rühren das Olivenöl zugießen, sodass eine Emulsion entsteht.

Die Feigen ungeschält in einen halben Zentimeter dicke Scheiben schneiden.

Die Speckscheiben in einer Pfanne ohne Zugabe von Fett erhitzen, bis sie heiß und leicht glasig sind.

Auf jeden Löffel eine Feigenscheibe platzieren, den Speck darauf drapieren und mit dem Karottenkaramell umgießen. Mit je einer halben Mandel garnieren und sofort servieren.

ANMERKUNG Die schwarzen Bigorre-Schweine werden in den französischen Pyrenäen gezüchtet und ähnlich wie die iberischen Schweine mit Eicheln und Kastanien gemästet.

Weißer Dessertwein, serviert mit 8–10 °C: Jurançon, Symphonie de Novembre 2003, Domaine Cauhapé, Henry Ramonteu, Monein

Für 10 Gläser
Vorbereitung: 30 Minuten
Garzeit: 25 Minuten

Spargelcreme
20 Stangen grüner Spargel
50 g frischer Spinat
500 ml Geflügelfond (siehe Seite 170)
60 g Butter
100 ml Sahne
20 Austern
½ Bund Schnittlauch, in Röllchen
geschnitten
3 Zweige Kerbel, gehackt
Saft von ½ Zitrone
Olivenöl
Salz und Pfeffer

Chorizo-Käse-Cracker
4 Scheiben helles Bauernbrot
1 Knoblauchzehe
10 Scheiben Chorizo
5 Scheiben Comté

SPARGELCREME MIT AUSTERN UND CHORIZO-KÄSE-CRACKERN

Das untere Drittel der Spargelstangen mit einem Sparschäler schälen und die holzigen Enden entfernen. Die Stangen vier Zentimeter unterhalb der Spitzen kappen und die unteren Spargelhälften in Stücke schneiden. Den Spinat waschen und abtropfen lassen.

Die Spargelspitzen und -stücke 5–6 Minuten in kochendem Salzwasser blanchieren und kalt abschrecken; die Spitzen beiseitelegen. Den restlichen Spargel mit dem Spinat in dem Geflügelfond fertig garen. Die Mischung pürieren, die Butter und die Sahne unterrühren und mit Salz und Pfeffer abschmecken, warm stellen.

Das Brot toasten, mit dem Knoblauch einreiben und in lange Stäbe schneiden. Die Chorizo und den Comté in feine Streifen (Julienne) schneiden. Die Brotstäbchen mit der Wurst und dem Käse bestreuen und kurz unter dem heißen Grill überbacken.

Die Austern öffnen, auslösen und würfeln. Mit den Kräutern, dem Zitronensaft und dem Olivenöl vermengen und mit Pfeffer würzen.

Das Austerntatar in Gläsern anrichten, mit der heißen Spargelcreme auffüllen und mit den Spargelspitzen und den Crackern garnieren oder die Creme und das Tatar separat in Gläsern anrichten und servieren.

TIPP Die Austern lassen sich leichter öffnen und auslösen, wenn Sie sie für 3 Minuten in den 150 °C heißen Ofen legen.

Kräftiger Weißwein von guter Struktur;
serviert mit 10–12 °C: Châteauneuf-du-Pape,
Vieilles Vignes 2002, Château de Beaucastel,
Jean Pierre & François Perrin, Courthézon

BLÄTTERTEIG MIT CHORIZO, RUCOLA UND LÖWENZAHN

Für 10 Gläser
Vorbereitung: 20 Minuten
Garzeit: 20 Minuten

500 g Blätterteig • 3 Schalotten, in feine Streifen geschnitten • 1 Bund Estragon • 1 Bund Thymian • 1 Lorbeerblatt • Einige weiße Pfefferkörner • 20 g Butter • 200 ml Sherryessig • 4 Eigelb • 500 ml Sahne • 1 Prise Salz • 200 g Rucola • 200 g Löwenzahn • 100 g Chorizo, in Scheiben • 100 g spanischer Bellota-Schinken (jamón ibérico pata negra), in Scheiben • 100 g lardo de Colonnata (gereifter italienischer Speck aus Colonnata)

Den Ofen auf 180 °C vorheizen. Den Blätterteig fünf Millimeter dünn ausrollen, in zehn Rechtecke von 13 × 18 Zentimeter schneiden und 12 Minuten im Ofen backen.

Inzwischen die Schalotten, den Estragon, den Thymian, das Lorbeerblatt und einige Pfefferkörner in der Butter anschwitzen. Den Sherryessig zugießen und um drei Viertel einkochen. Die Reduktion durch ein Sieb passieren und die festen Bestandteile gut ausdrücken.

Die Mischung mit den Eigelben in einem Schneekessel vermengen und im heißen Wasserbad hellgelb und schaumig schlagen. Zwei Esslöffel lauwarmes Wasser, die Sahne und eine Prise Salz unter das Sabayon rühren und in einen Siphon, bestückt mit zwei Gaskartuschen, füllen.

Den Rucola und den Löwenzahn waschen und abtropfen lassen. Jedes Blätterteigstück mit einer Scheibe Chorizo, einer Scheibe Schinken und einer Scheibe Speck belegen und mit Rucola und Löwenzahn garnieren. Mit dem Siphon ein Sabayonhäubchen aufspritzen und das Gebäck servieren.

TIPP Das Sabayon, sobald es dick und schaumig ist, aus dem Wasserbad heben, damit das Eigelb nicht gerinnt; dann einen Spritzer Zitronensaft und einen Esslöffel Eiswasser unterrühren, um den Garprozess zu unterbrechen.

VANILLIERTES BOHNENPÜREE →
MIT LAUWARMEM WOLFSBARSCH UND GERÄUCHERTEM MILCHSCHAUM

Für 10 Gläser
Vorbereitung: 30 Minuten
Garzeit: 30 Minuten
Ziehen: 30 Minuten

Bohnenpüree
300 g in Court-Bouillon gegarte kleine weiße Bohnen (vorzugsweise Coco-Bohnen; Court-Bouillon siehe Seite 171) • 100 ml Sahne • 1 Vanilleschote • 1 TL Zucker

Geräucherter Milchschaum
2 dünne Scheiben durchwachsener Speck • 300 ml Milch • 1 EL Olivenöl

300 g Wolfsbarschfilet aus dem Mittelstück • Salz und Pfeffer • 10 Blätter Sauerampfer

Für das Püree die Bohnen abtropfen lassen. Die Sahne mit dem ausgekratzten Vanillemark und dem Zucker zum Kochen bringen, die Bohnen zugeben und alles 20 Minuten eindicken lassen. Die Mischung im Mixer pürieren, falls nötig mit etwas Court-Bouillon verdünnen und warm stellen.

Die Speckscheiben in einer Pfanne mit hohem Rand kräftig anbraten. Die Milch und das Olivenöl zugießen, aufkochen und dann 30 Minuten ziehen lassen. Den Speck entfernen.

Den Ofen auf 120 °C vorheizen. Das Wolfsbarschfilet in zehn Würfel schneiden, 4 Minuten im Ofen garen und würzen. Die Würfel auf kleine Spieße stecken.

In jedes Glas etwas Bohnenpüree geben. Die Milch mit dem Stabmixer aufschäumen (im 45-Grad-Winkel halten) und den Schaum über das Bohnenpüree löffeln. Je ein Spießchen Fisch auf den Glasrand legen, mit einem Blättchen Sauerampfer garnieren und servieren.

TIPP Dieses Rezept lässt sich auch mit anderen Fischarten realisieren. Ganz besonders schmackhaft sind kleine Seezungenröllchen.

Champagne millésimé (Jahrgangschampagner), weiß oder rosé, serviert mit 10 °C:
Champagne Krug 1995, Rémy Krug, Reims

Für 10 Gläser
Vorbereitung: 30 Minuten
Garzeit: 1 Stunde 15 Minuten
Marinieren: 30 Minuten

10 Makrelenfilets von je etwa 120 g
Salz und Sichuanpfeffer
Saft von 1 Zitrone
50 ml Olivenöl
Abgeriebene Schale von 1 unbehandelten Limette

Auberginentatar
4 Auberginen
50 ml Olivenöl
2 Knoblauchzehen, in dünne Scheiben geschnitten
3 reife Tomaten
1 Zweig Minze, gehackt
30 g Parmesan, frisch gerieben

Rote-Bete-Vinaigrette
2 Knollen Rote Bete, gegart
40 g Zucker
20 ml Balsamicoessig
3 EL Olivenöl
Saft von ½ Zitrone

Rote-Bete-Chips
1 Rote Bete, geschält
20 g Kartoffelstärke
Pflanzenöl zum Frittieren

MARINIERTE MAKRELEN AUF AUBERGINENTATAR MIT MINZE, ROTE-BETE-VINAIGRETTE UND -CHIPS

Den Ofen auf 150 °C vorheizen.

Die Makrelenfilets häuten, falls das der Fischhändler nicht bereits erledigt hat. Die Filets schräg in Stücke schneiden, mit Salz und Sichuanpfeffer würzen und mit dem Zitronensaft, dem Olivenöl und der Limettenschale vermengen; kalt stellen, während Sie den Rest erledigen.

Die Auberginen längs halbieren und das Fruchtfleisch mit einem spitzen Messer kreuzweise einritzen. Mit den Schnittflächen nach oben auf ein Blech legen und mit dem Olivenöl übergießen. Den Knoblauch darüber verteilen und würzen. Ein Glas Wasser zugießen, die Auberginen mit Alu-folie zudecken und etwa 40 Minuten im Ofen backen.

Die Tomaten 10 Sekunden in kochendes Wasser tauchen, kalt abschrecken, häuten und von den Samen befreien. Das Fruchtfleisch fein würfeln. Das gebackene Auberginenfleisch aus der Schale lösen und hacken. Mit den Tomatenwürfeln, der gehackten Minze und dem Parmesan vermengen und abschmecken.

Für die Vinaigrette die Roten Beten schälen und fein würfeln. Den Zucker karamellisieren lassen, die Rote-Bete-Würfel darin wenden und mit dem Essig ablöschen. Nur eben mit Wasser bedecken und 15 Minuten bei schwacher Hitze garen, bis die Mischung eindickt. Durch ein Sieb passieren, das Olivenöl und den Zitronensaft unterschlagen und kalt stellen.

Für die Chips die Rote Bete mit dem Gemüsehobel in dünne Scheiben schnei-den, in der Kartoffelstärke wenden und im 150 °C heißen Öl frittieren.

Das Auberginentatar in die Gläser füllen und die marinierten Makrelenstücke darauf anrichten. Mit der Rote-Bete-Vinaigrette überziehen und mit den Rote-Bete-Chips garniert servieren.

TIPP Die Rote-Bete-Vinaigrette schmeckt auch hervorragend zu verschiedenen Blattsalaten, beispielsweise zu Rucola.

Es empfiehlt sich – wie bei allen Rezepten in diesem Buch – grundsätzlich hoch-wertiges Olivenöl (Qualität »extra vergine«) zu verwenden.

Rosé, serviert mit 10 °C:
Collioure Faranell 2007,
Domaine Madeloc, Pierre
Gaillard, Banyuls-sur-Mer

GUGELHUPF MIT SCHWARZEN TRÜFFELN UND NOIRMOUTIER-SALZBLÜTE

Für 10 Portionen
Vorbereitung: 20 Minuten
Garzeit: 40 Minuten
Ruhen und Gehen: 5 Stunden 30 Minuten

12 g Hefe • 15 g Zucker • 40 ml lauwarme Milch •
360 g Mehl • 200 g Butter, raumtemperiert •
100 g Crème double • 25 g schwarze Trüffeln,
gehobelt • 50 g durchwachsener Räucherspeck,
fein gewürfelt • Salz und weißer Pfeffer • Olivenöl
zum Servieren • Fleur de Sel de Noirmoutier
(Salzblüte aus Noirmoutier)

Einen Croissantteig bereiten: Die Hefe in 80 Milliliter
lauwarmem Wasser, dem Zucker und der Milch auflösen, dann die Mischung mit dem Mehl zu einem Teig
verarbeiten und 2 Stunden im Kühlschrank gehen lassen. Den Teig ausrollen, die raumtemperierte Butter in
die Mitte setzen und die Teigränder darüberschlagen.
Zu einem Rechteck ausrollen, dieses dreifach zusam-
menfalten und 30 Minuten kalt stellen. Den Teig um
90 Grad drehen und den Vorgang noch zweimal wiederholen. Nach jedem Durchgang den Teig 30 Minuten
kalt stellen und um weitere 90 Grad drehen.

Den fertigen Blätterteig zu einem Quadrat ausrollen
und mit der Crème double bestreichen. Die Trüffel-
späne und die Speckwürfel gleichmäßig darauf verteilen und mit Salz und Pfeffer würzen. Den Teig zu
einer langen Wurst aufrollen und in drei Zentimeter
breite Stücke schneiden.

Eine Gugelhupfform ausbuttern und mit Mehl ausstreuen. Die Teigschnecken dicht an dicht hineinlegen,
jedoch nicht hineindrücken, und an einem warmen
Ort 2 Stunden gehen lassen. Den Gugelhupf im Ofen
40 Minuten bei 180 °C backen und lauwarm mit Olivenöl beträufelt und mit Salzblüte bestreut servieren.

TIPP Heizen Sie den Ofen nicht vor. In der langsam
steigenden Temperatur geht der Teig perfekt auf und
wird wunderbar locker.

WENN'S SCHNELL GEHEN MUSS In gut sortierten Super-
märkten wird fertiger Croissantteig im Kühlregal
angeboten.

ROQUEFORTCREME →
AUF KIRSCH-CHUTNEY MIT RINDER-CARPACCIO

Für 10 Löffel
Vorbereitung: 30 Minuten
Garzeit: 10 Minuten
Gefrieren: 2 Stunden
Marinieren: 10 Minuten

Roquefortcreme
80 g Roquefort (vorzugsweise »Gabriel Coulet«) •
4 EL geschlagene Sahne

Rinder-Carpaccio
100 g Rinderhüfte • 1 EL Olivenöl • 1 EL Sesamöl aus
gerösteten Samen • 1 Spritzer Sojasauce • Piment
d'Espelette (ersatzweise scharfes Paprikapulver) •
Salz und Pfeffer

Kirsch-Chutney
400 g Kirschen • 2 EL Olivenöl • 2 EL Balsamicoessig • 2 EL Pfefferkuchenmehl (trockene Leb- oder
Pfefferkuchen im Mixer zermahlen) • Junge Erbsen-
sprossen zum Garnieren

Den Roquefort in einem Esslöffel warmem Wasser
schmelzen, die Schlagsahne unterziehen und die
Creme kalt stellen.

Das Rindfleisch für 2 Stunden in den Gefrierschrank
legen. Anschließend in hauchdünne Scheiben schneiden, auf eine Platte legen, mit dem Olivenöl, dem
Sesamöl und der Sojasauce überziehen und mit Piment d'Espelette sowie mit Salz und Pfeffer würzen;
10 Minuten marinieren.

Inzwischen die Kirschen entsteinen (drei Kirschen
zum Dekorieren zurücklegen), vierteln und in dem
Olivenöl sautieren. Den Balsamicoessig zugießen,
bei schwacher Hitze 3–4 Minuten garen und das
Pfefferkuchenmehl unterrühren. Das Kirsch-Chutney
auf die bereitgelegten Löffel verteilen, je ein Klöß-
chen Roquefortcreme daraufsetzen und die aufge-
rollten Rindfleischscheiben anlegen. Mit den Erbsen-
sprossen und Kirschspalten garnieren und servieren.

TIPP Bitten Sie Ihren Schlachter, das Fleisch wie für
ein Carpaccio in hauchdünne Scheiben zu schneiden.

Kräftiger Rotwein, serviert mit 18–20 °C:
Côte-Rôtie, Les Grandes Places 2003,
Domaine du Monteillet, Vignoble
Montez, Chavanay

Für 10 Gläser
Vorbereitung: 30 Minuten
Garzeit: 15 Minuten

800 g Karotten
2 Granny-Smith-Äpfel
Saft von ½ Zitrone
¼ Ananas
50 ml Olivenöl, plus Olivenöl zum
Beträufeln
2 Orangen
1 Prise gemahlener Kreuzkümmel
1 EL Zucker

Apfelsorbet
1,2 kg Granny-Smith-Äpfel
170 g Glukose (aus dem Reformhaus)
Saft von 1 Zitrone

FEINES KAROTTENPÜREE MIT KREUZKÜMMEL, SORBET UND TATAR VON GRANNY-SMITH-ÄPFELN

Die Karotten schälen, in Stücke schneiden und 15 Minuten in kochendem Salzwasser garen.

Inzwischen das Apfeltatar zubereiten: Die zwei Äpfel schälen, vom Kerngehäuse befreien und in ganz kleine Würfel (Brunoise) schneiden. Mit etwas Zitronensaft beträufeln, damit sie nicht braun werden. Die Ananas von dem holzigen Strunk befreien und fein würfeln. Die Früchte vermengen, mit etwas Olivenöl und dem restlichen Zitronensaft würzen und kalt stellen.

Die Karotten, sobald sie gar sind, kalt abschrecken und abtropfen lassen. Den Saft der Orangen auspressen und mit dem Kreuzkümmel und dem Zucker unter die Karotten mengen. Die Mischung im Mixer pürieren, bis sie glatt ist. Nach und nach das restliche Olivenöl unterrühren und das Püree abschmecken.

Für das Sorbet die Äpfel schälen und die Kerngehäuse entfernen. Das Fruchtfleisch grob in Stücke schneiden und im Entsafter auspressen, 500 Milliliter Saft abmessen. Den Saft mit der Glukose und dem Zitronensaft vermengen und in der Eismaschine gefrieren. Das Sorbet in den Gefrierschrank stellen.

In jedes Glas etwas Karottenpüree füllen und Apfel-Ananas-Tatar darübergeben. Eine Kugel Sorbet daraufsetzen, alles mit Olivenöl beträufeln und servieren.

TIPP Schalten Sie den Mixer auf die höchste Stufe, während Sie nach und nach das Olivenöl zugießen; so bekommt das Karottenpüree eine besonders samtene und luftige Konsistenz.

Weißer Dessertwein, serviert mit 8–10 °C: Jurançon, Symphonie de Novembre 2003, Domaine Cauhapé, Henry Ramonteu, Monein

Für 10 Gläser
Vorbereitung: 1 Stunde
Garzeit: 30 Minuten
Ruhen: 20 Minuten

Cracker
125 g Mehl
2 g Salz
1 EL Olivenöl
Pflanzenöl zum Frittieren

Tomaten-Coulis
3 Tomaten
2 Schalotten, in feine Streifen geschnitten
2 EL Olivenöl
1 Prise gemahlener Kreuzkümmel
1 Prise Zucker

60 g Schwertfischfilet
Salz und Pfeffer
1 Prise Vier-Gewürze-Pulver
(*quatre-épices*)
1 EL Olivenöl
Saft von ½ Zitrone
1 EL Schnittlauchröllchen
1 Avocado
1 EL Zucchinipüree mit Basilikum
(Zucchini mit Basilikum garen und
im Mixer pürieren)
1 Tomate, fein gewürfelt
Olivenöl mit Basilikum
60 g geschlagene Sahne
Balsamico-Karamell (siehe Seite 170)

SCHWERTFISCHTATAR, GUACAMOLE UND TOMATEN-COULIS MIT KREUZKÜMMEL

Für die Cracker das Mehl, das Salz sowie 50 Milliliter Wasser und das Olivenöl zu einem glatten Teig verrühren und 20 Minuten quellen lassen.

Inzwischen die Coulis zubereiten: Die Tomaten mit kochendem Wasser überbrühen, kalt abschrecken und häuten. Die Samen entfernen und das Fruchtfleisch hacken. Die Schalotten in dem Olivenöl anschwitzen, die Tomaten, den Kreuzkümmel und den Zucker zugeben und 10 Minuten sanft garen. Die Mischung im Mixer pürieren und kalt stellen.

Den Teig für die Cracker hauchdünn ausrollen und mit einem Ausstecher 30 Kreise vom Durchmesser der Gläser ausstechen. Die Teigkreise im 160 °C heißen Pflanzenöl portionsweise goldgelb frittieren, abtropfen lassen und salzen.

Das Fischfilet in kleine Würfel schneiden und mit Salz, Pfeffer und dem Vier-Gewürze-Pulver würzen. Das Olivenöl, einen Spritzer Zitronensaft und die Hälfte des Schnittlauchs gut untermengen und das Tatar auf Eis stellen.

Für die Guacamole die Avocado schälen, das Fruchtfleisch vom Stein lösen und fein würfeln. Mit dem Zucchinipüree, den Tomatenwürfeln und dem restlichen Schnittlauch vermengen. Etwas Olivenöl mit Basilikum unterrühren und mit Salz, Pfeffer und Zitronensaft abschmecken.

Jeweils einen Löffel Schwertfischtatar in die Gläser geben und mit einem Cracker bedecken. Etwas Guacamole darüberhäufen, erneut einen Cracker einlegen und mit Tatar bedecken. Zuoberst mit einem Cracker abschließen, mit einem Sahnehäubchen garnieren und mit dem Essigkaramell beträufeln. Die Tomaten-Coulis separat dazu servieren.

TIPP Schneiden Sie den Schnittlauch mit einer Küchenschere, die Sie zuvor mit Zitronensaft benetzen, ein Trick, der sich bei allen Kräutern (Estragon, Basilikum etc.) empfiehlt, die an der Luft rasch oxidieren und welken.

Sie können die Cracker im Voraus zubereiten und bis zum Gebrauch luftdicht verschlossen aufbewahren.

Champagne millésimé
(Jahrgangschampagner), weiß
oder rosé, serviert mit 10 °C:
Champagne Krug 1995,
Rémy Krug, Reims.

Für 10 Gläser
Vorbereitung: 35 Minuten
Garzeit: 40 Minuten

2 große Kartoffeln
3 Zwiebeln
1 Zweig Thymian
1 TL Zucker
Olivenöl
Salz und Pfeffer
Saft von ½ Zitrone
1 TL einer Mischung aus gehacktem
Kerbel und Koriandergrün, plus
gehackte Kräuter zum Garnieren

100 g grüne Bohnen
60 große Miesmuscheln (etwa 1,5 kg)
1 Bouquet garni
3 EL Mayonnaise
1 EL Sahne
Balsamico-Karamell (siehe Seite 170)

MIESMUSCHELN MIT ZWIEBEL-CONFIT UND KARTOFFELPÜREE

Die Kartoffeln ungeschält in kochendem Salzwasser garen und abgießen.

Inzwischen die Zwiebeln schälen, in feine Streifen schneiden und mit dem Thymian und dem Zucker in etwas Olivenöl garen, bis sie fast geschmolzen und leicht karamellisiert sind. Das Confit mit Salz und Pfeffer würzen. Die Kartoffeln schälen und mit der Gabel zerdrücken. Etwas Olivenöl und Zitronensaft sowie die gehackten Kräuter untermengen und mit Salz und Pfeffer abschmecken. Beiseitestellen.

Die Bohnen putzen und *à l'anglaise* (in Salzwasser; siehe Seite 171) garen. Nach dem Abschrecken in kleine Stücke schneiden und beiseitestellen.

Die Muscheln säubern, gründlich waschen und in einen hohen Topf geben. Etwas Wasser zugießen, das Bouquet garni einlegen und die Muscheln zugedeckt bei starker Hitze dämpfen, bis sie sich öffnen. Geöffnete Muscheln sofort herausheben – sie dürfen nicht zu lange garen. Das Muschelfleisch auslösen und warm stellen. Den Sud durch ein feines Sieb gießen und unter die Mayonnaise rühren.

In jedes Glas nacheinander etwas Kartoffelpüree, ein wenig lauwarmes Zwiebel-Confit und einige grüne Bohnen einschichten. Den restlichen Zitronensaft mit etwas Olivenöl, der Sahne und einer Prise Salz verrühren und über das Gemüse ziehen. Die Muscheln darauf anrichten, mit der Mayonnaise überziehen und mit gehackten Kräutern garnieren. Zuletzt mit etwas Olivenöl und dem Balsamico-Karamell beträufeln und servieren.

TIPP Der kleine Muskel, der das Muschelfleisch an der Schale hält, lässt sich am besten mit einem spitzen Messer durchtrennen. Achten Sie darauf, das Fleisch nicht zu verletzen.

Kräftiger Weißwein von guter Struktur, serviert mit 10–12 °C: Côtes-du-Jura, La Poirière 2001, Domaine Voorhuis-Henquet, Jean Voorhuis, Conliège

Für 10 Schnittchen
Vorbereitung: 30 Minuten
Garzeit: 30 Minuten

24 violette Artischocken
3 EL Olivenöl
2 Schalotten, in feine Streifen
geschnitten
2 Knoblauchzehen, gehackt
50 ml Weißwein
Salz und Pfeffer

1 EL grüne Olivenpaste (Tapenade)
2 kleine runde Ziegenfrischkäse
10 kleine Kalmare von je etwa 80 g
10 kleine Scheiben Bauernbrot
10 kandierte Tomatenblättchen
(siehe Seite 171)
10 junge Rote-Bete-Blätter

KANAPEES MIT GEBRATENEN ARTISCHOCKEN
UND TINTENFISCH

Die Artischocken putzen: Die Spitzen und Stiele kappen, die harten Außenblätter abziehen und die zarteren Innenblätter rund um das Herz abschälen. Die Herzen vierteln und das Heu entfernen. 16 Artischocken in Spalten schneiden und in der Pfanne in Olivenöl braten. Beiseitestellen. Die Schalotten und den Knoblauch in Olivenöl anschwitzen. Die restlichen acht Artischocken und den Weißwein zugeben. Mit kaltem Wasser bedecken, würzen und bei schwacher Hitze garen, bis die Artischocken zerfallen. Die Mischung mit der Tapenade und dem Ziegenkäse im Mixer zu einer Paste pürieren.

Die Kalmare säubern, gründlich waschen und in gleichmäßige Stücke schneiden. In einer Pfanne bei starker Hitze in etwas Olivenöl sautieren und würzen.

Die Brotscheiben mit etwas Artischockencreme bestreichen, die gebratenen Artischocken – nach Belieben eine oder auch mehrere Spalten – und die sautierten Kalmare darauf anrichten und mit den kandierten Tomatenblättchen und den Rote-Bete-Blättern garnieren.

TIPP Statt Bauernbrot können Sie auch Baguette verwenden, das Sie waagerecht aufschneiden und vor dem Garnieren toasten.

Wenn Ihnen das Säubern der Kalmare zu viel Mühe macht, greifen Sie einfach zu bereits küchenfertiger Tiefkühlware.

Fruchtiger, mineralischer Weißwein,
serviert mit 8–10 °C:
Chablis Vieilles Vignes 2003,
Domaine Jean-Marc Brocard, Chablis

Für 10 Gläser
Vorbereitung: 30 Minuten
Garzeit: 10 Minuten
Ziehen: 10 Minuten

Zitronenthymianschaum
200 ml Sahne
1 Bund Zitronenthymian
Salz und Pfeffer
100 ml Milch

Zucchinigazpacho
4 Zucchini
2 Knoblauchzehen
Olivenöl
300 ml Sahne
4 Zweige Zitronenthymian, Blättchen abgezupft
Eiswürfel
Salz und Pfeffer
10 g schwarzes Olivenpulver (siehe Tipp Seite 45)

ZUCCHINIGAZPACHO
MIT ZITRONENTHYMIANSCHAUM

Für den Schaum in einem Topf 100 Milliliter der Sahne erhitzen, den Zitronenthymian einlegen, mit Salz und Pfeffer würzen und 10 Minuten ziehen lassen. Den Thymian herausnehmen und die restliche Sahne und die Milch unterrühren. Die Mischung in einen Siphon, bestückt mit einer Gaskartusche, füllen und kalt stellen.

Die Zucchini waschen, längs halbieren und von den Samen befreien. Drei Zucchini in Stücke schneiden und 5–6 Minuten in kochendem Salzwasser garen. In Eiswasser kalt abschrecken und mit etwas von der Garflüssigkeit, dem vom Keim befreiten Knoblauch, einem Schuss Olivenöl, der Sahne, dem Zitronenthymian und einigen Eiswürfeln im Mixer pürieren. Mit Salz und Pfeffer abschmecken.

Die verbliebene rohe Zucchini ganz fein würfeln, unter den Gazpacho mengen und diesen in die Gläser füllen. Jede Portion mit Zitronenthymianschaum und Olivenpulver garnieren und servieren.

TIPP Zu diesem Gazpacho passt mit Knoblauch eingeriebenes geröstetes Weißbrot.

Champagne millésimé
(Jahrgangschampagner), weiß
oder rosé, serviert mit 10 °C:
Champagne Krug 1995,
Rémy Krug, Reims

Für 10 Löffel
Vorbereitung: 45 Minuten
Garzeit: 5 Minuten
Ziehen: 30 Minuten
Marinieren: 10 Minuten

Gewürztes Öl
500 ml Olivenöl
1 Prise Currypulver
1 Prise Kreuzkümmel
½ TL zerstoßene Koriandersamen
1 Spritzer Zitronensaft

3 große Kaisergranate, geschält
3 EL Olivenöl
Salz und Pfeffer
1 Prise Piment d'Espelette (ersatzweise scharfes Paprikapulver)
Abgeriebene Schale von 1 unbehandelten Limette
2 gelbfleischige Pfirsiche
5 große Himbeeren
1 quadratisches Blatt Reispapier
Erdnussöl zum Frittieren

SASHIMI VON KAISERGRANAT MIT PFIRSICH, HIMBEEREN UND GEWÜRZTEM ÖL

Für das gewürzte Öl das Olivenöl mit dem Currypulver, dem Kreuzkümmel und den Koriandersamen erwärmen und 30 Minuten ziehen
lassen. Durch ein Sieb passieren, einen Spritzer Zitronensaft unterrühren und beiseitestellen.

Die Kaisergranatschwänze von den Därmen befreien und schräg in
Scheiben schneiden. Auf einen Teller legen, mit dem Olivenöl, Salz,
Pfeffer, dem Piment d'Espelette und der Limettenschale vermengen
und 10 Minuten marinieren.

Die Pfirsiche schälen, entsteinen und in insgesamt zehn große Würfel
schneiden. Die Himbeeren halbieren.

Das Reispapier in kleine Quadrate zerteilen und im nicht zu heißen
Erdnussöl (150 °C) frittieren, bis sie knusprig sind. Abtropfen lassen.

Auf jeden Löffel einen Pfirsichwürfel setzen, mit einem Scheibchen Kai-
sergranat bedecken und mit dem gewürzten Öl beträufeln. Eine halbe
Himbeere daraufsetzen, mit dem Reisblattchip dekorieren und servieren.

TIPP Das gewürzte Öl harmo-
niert auch ausgezeichnet mit
einem Jakobsmuscheltatar
und anderen rohen oder marinierten Fischzubereitungen
wie *ceviche*. Lagern Sie es vor
Licht geschützt.

Champagne millésimé
(Jahrgangschampagner), weiß oder
rosé, serviert mit 10 °C: Champagne
Veuve Cliquot-Ponsardin, Vintage
Réserve 1998, Groupe LVMH, Reims

Für 12 Gläser
Vorbereitung: 50 Minuten
Garzeit: 1 Stunde
Ruhen: 20 Minuten

3 Kaninchenrücken
30 g Sesam
Butter
Olivenöl

Sauce
Olivenöl
Grobes Salz
1 Zwiebel, in dünne Streifen
geschnitten
1 Zweig Thymian
2 Knoblauchzehen
100 ml Weißwein
100 ml Sojasauce
Butter

Garnitur
100 g Perltapioka (im Asialaden)
1 Karotte
½ Zucchini
1 Stange Staudensellerie
½ Bund Schnittlauch, in Röllchen
geschnitten
5 Zweige Koriandergrün, gehackt

KANINCHENRÜCKENFILET IM SESAMMANTEL
MIT PERLTAPIOKA UND SOJASCHAUM

Die Kaninchenrücken auslösen und die Rückenfilets parieren. Die Bauchlappen und Parüren in Stücke schneiden, die Knochen hacken.

Für die Sauce die Knochen und Fleischabschnitte in Olivenöl anbraten und mit grobem Salz würzen. Die Zwiebel, den Thymian und die ungeschälten zerstoßenen Knoblauchzehen zugeben und kräftig Farbe nehmen lassen. Mit dem Weißwein ablöschen und den Bratensatz losrühren. Alles mit Wasser bedecken und 40 Minuten bei schwacher Hitze köcheln lassen. Den Fond durch ein Sieb in einen sauberen Topf gießen und die Sojasauce unterrühren. Ein Stück Butter hineingeben und die Sauce mit dem Stabmixer aufschäumen. Warm stellen.

Die Tapiokaperlen in kochendem Salzwasser garen und in einem Sieb unter fließendem kaltem Wasser abschrecken. Die Karotte schälen. Sämtliches Gemüse in kleine Würfel schneiden, in gesalzenem Wasser garen, kalt abschrecken und mit den Tapiokaperlen vermengen. Den Schnittlauch und das Koriandergrün unterrühren und die Mischung in die Gläser füllen.

Die Kaninchenfilets rundherum in den Sesamsamen wenden und in einer Mischung aus Butter und Olivenöl von allen Seiten 10 Minuten braten. Das Fleisch 20 Minuten ruhen lassen. Die Filets in je zwei Stücke schneiden und auf Holzspießchen stecken.

Die Sauce noch einmal aufschäumen, über das Gemüse und die Tapiokaperlen löffeln und mit den Kaninchenspießen servieren.

TIPP Bereiten Sie Sauce und Garnitur im Voraus zu, so können Sie sich ganz auf das Fleisch konzentrieren.

Kräftiger Weißwein von guter Struktur, serviert mit 10–12 °C: Côtes-du-Jura, La Poirière 2001, Domaine Voorhuis-Henquet, Jean Voorhuis, Conliège

Für 10 Gläser
Vorbereitung: 45 Minuten
Garzeit: 45 Minuten

10 Zucchiniblüten mit Minizucchini,
plus Zucchiniblüten zum Garnieren
(nach Belieben)
80 g Zwiebeln, in feine Streifen
geschnitten
50 ml Olivenöl
300 g Risottoreis
50 ml Weißwein
1 l heißer heller Geflügelfond
(siehe Seite 170)

4 Safranfäden
50 g Butter
50 g geriebener Parmesan
50 g geschlagene Sahne
Salz und Pfeffer
10 dünne Scheiben durchwachsener
Räucherspeck

SAFRANRISOTTO MIT ZUCCHINIBLÜTEN
UND KNUSPRIGEM SPECK

Die Zucchiniblüten in Streifen schneiden und waschen. Die Minizucchini schräg in dicke Scheiben schneiden, zugedeckt beiseitestellen.

In einem Topf die Zwiebeln in etwas Olivenöl anschwitzen. Den Reis einstreuen und 3 Minuten mitschwitzen, bis er glasig ist. Den Weißwein zugießen und vollständig verkochen lassen. Den Reis mit Geflügelfond bedecken, den Safran zugeben und unter ständigem Rühren behutsam garen, bis der Reis die Flüssigkeit vollständig aufgenommen hat. Nach und nach weiteren Fond zugießen und vor jeder nächsten Zugabe vollständig verkochen lassen, bis sämtlicher Fond verbraucht und der Reis gar ist. Die Butter, den Parmesan und die Sahne unterziehen und den Risotto mit Salz und Pfeffer abschmecken.

In einem Topf etwas Olivenöl erhitzen und die Zucchinischeiben nur kurz sautieren – sie sollten noch Biss haben. Würzen. Die Speckscheiben in einer Pfanne bei schwacher Hitze langsam knusprig braten. Dabei mit einem Teller beschweren, damit sie sich nicht aufwerfen und möglichst flach bleiben.

Die Zucchiniblüten und die Minizucchini unter den Risotto rühren und diesen in Gläsern anrichten. Mit je einer Speckscheibe garnieren und mit etwas Olivenöl beträufeln. Jede Portion nach Belieben mit einer Tempura (Tempura-Teig siehe Seite 40) von Zucchiniblüten dekorieren und servieren.

TIPP Salzen Sie den Risotto erst nach Zugabe des Parmesans, denn der Parmesan enthält bereits Salz.

Die Zucchiniblüten sollten ganz frisch sein; man erkennt sie an den leuchtend orangefarbenen Staubgefäßen, die sich mit der Zeit braun färben.

Champagne millésimé
(Jahrgangschampagner), weiß oder
rosé, serviert mit 10 °C: Champagne
Veuve Cliquot-Ponsardin, Vintage
Réserve 1998, Groupe LVMH, Reims

Für 10 Gläser
Vorbereitung: 50 Minuten
Garzeit: 30 Minuten

10 kleine Artischocken
1 Schalotte, in feine Streifen
geschnitten
Olivenöl
Saft von ½ Zitrone
2 EL Ricotta
10 Blätter Koriandergrün, gehackt
20 g Pinienkerne
Salz und Pfeffer
Etwas abgeriebene Schale von 1
unbehandelten Orange
10 dünne Scheiben Baguette
10 Scheibchen alter Laguiole-Käse
(ersatzweise Cantal oder Comté)

Fenchelbrühe
½ weiße Zwiebel, in feine Streifen
geschnitten
2 EL Olivenöl
1 Knolle Gemüsefenchel, in dünne
Streifen geschnitten
500 ml Sahne
30 g Butter
Salz und Pfeffer

ARTISCHOCKEN-RICOTTA-CREME MIT ORANGE, FENCHELBRÜHE UND CROÛTONS MIT LAGUIOLE

Die Artischocken putzen und tournieren: Die harten Außenblätter abziehen, die zarteren Innenblätter rundherum abschälen. Die Artischockenherzen vierteln und, falls vorhanden, das Heu in der Mitte entfernen.

In einer Sauteuse die Schalotte in Olivenöl anschwitzen. Die Artischocken und den Zitronensaft zugeben und alles mit Wasser bedecken. Das Gemüse bei schwacher Hitze garen, bis sämtliche Flüssigkeit verkocht ist.

Die gegarten Artischocken hacken und mit dem Ricotta, dem Koriandergrün und den Pinienkernen vermengen. Die Creme mit Salz, Pfeffer und etwas abgeriebener Orangenschale abschmecken.

Für die Fenchelbrühe die Zwiebel in dem Olivenöl anschwitzen. Den Fenchel und 250 Milliliter Wasser zugeben und etwa 15 Minuten bei schwacher Hitze köcheln lassen, bis das Gemüse gar ist. Die Sahne und die Butter zugeben und mit Salz und Pfeffer würzen. Im Mixer pürieren und durch ein Sieb passieren.

Den Ofen auf 180 °C vorheizen. Das Brot toasten. Die Artischocken-Ricotta-Creme auf die Gläser verteilen, mit der Fenchelbrühe auffüllen und warm stellen.

Jede Baguettescheibe mit einem Stückchen Laguiole belegen, 3 Minuten im Ofen überbacken und dazu servieren.

TIPP Legen Sie die vorbereiteten Artischocken bis zum Garen in Zitronenwasser, damit sie nicht braun anlaufen.

Fruchtiger, mineralischer
Weißwein, serviert mit 8–10 °C:
Blanc Fumé de Pouilly 2004,
Domaine Didier Daguenau,
Saint-Andelain

Für 10 Gläser
Vorbereitung: 40 Minuten
Garzeit: 45 Minuten

Kürbis-Kastanien-Fondant
1 Hokkaidokürbis von 500 g
100 g gegarte Esskastanien
350 ml Sahne
1 Ei und 5 Eigelb
1 gestrichener EL Zucker
1 Prise Salz

Pilzrahm
100 g frische Pilze (Steinpilze,
Morcheln oder Champignons)
Olivenöl
80 g Butter
3 EL Sahne
Salz und Pfeffer
Kerbelzweige zum Garnieren

KÜRBIS-KASTANIEN-FONDANT MIT PILZRAHM

Den Ofen auf 90 °C vorheizen. Den Kürbis schälen, die Kerne und das faserige Innere entfernen. Das Fruchtfleisch grob würfeln und in ungesalzenem Wasser garen. Abtropfen lassen, in einem Topf mit den Esskastanien und 100 Milliliter Sahne vermengen und einkochen lassen, bis die Mischung um ein Drittel reduziert ist. Im Mixer pürieren – Sie sollten am Ende etwa 150 Gramm Püree erhalten.

Die restliche Sahne erwärmen. Das Ei mit den Eigelben kräftig verquirlen und unter die heiße Sahne rühren, das Kürbis-Kastanien-Püree untermengen und mit dem Zucker und einer Prise Salz würzen. Die Mischung ein Drittel hoch in die Gläser füllen, diese in eine ofenfeste Form (beispielsweise einen Bräter) stellen und heißes Wasser hineingießen. Den Fondant im Wasserbad im Ofen 20 Minuten garen, bis er gestockt ist.

Die Pilze putzen, waschen und kurz in Olivenöl anbraten. 100 Milliliter Wasser zugießen und die Pilze 5 Minuten garen. Die Garflüssigkeit in eine Schüssel abgießen, ein Stückchen Butter, die Sahne und die Hälfte der Pilze zugeben und mit dem Stabmixer pürieren. Die verbliebenen Pilze in der restlichen Butter sautieren und mit Salz und Pfeffer würzen.

Die sautierten Pilze auf dem Kürbis-Kastanien-Fondant anrichten und mit dem Pilzrahm überziehen. Mit etwas Olivenöl beträufeln und mit einem Kerbelzweig garniert servieren.

TIPP Zur Garprobe stechen Sie den Kürbis-Kastanien-Fondant mit einer Messerspitze ein. Kommt sie sauber wieder heraus, ist er so weit.

Fruchtiger Rotwein, serviert mit 12–14 °C:
Vin-de-Savoie, Chignin Mondeuse, Vieilles Vignes
2006, André & Michel Quénard, Chignin

Für 10 Gläser
Vorbereitung: 45 Minuten
Garzeit: 25 Minuten

3 getrocknete Steinpilze
500 g Topinambur
600 ml Sahne
Salz und Pfeffer
10 g Zucker
60 g Butter

1 Schalotte, in feine Streifen
geschnitten
300 ml Olivenöl
200 ml Geflügelfond (siehe Seite 170)
10 Eigelb
Grobes Salz zum Bestreuen
Vitelotte-Kartoffelchips (violette
Kartoffelsorte) zum Servieren
Topinamburchips zum Servieren

IN ÖL POCHIERTES EIGELB MIT TOPINAMBURPÜREE UND STEINPILZSCHAUM

Die Steinpilze in etwas lauwarmem Wasser einweichen. Inzwischen die Topinamburknollen schälen, gründlich waschen und in eine Schüssel kaltes Wasser legen, damit sie nicht braun werden. Vier Knollen fein würfeln, den Rest grob in Stücke schneiden und in kochendem Salzwasser blanchieren. Abtropfen lassen und anschließend in 100 Milliliter Sahne weitergaren, bis das Gemüse ganz weich ist. Mit Salz und Pfeffer würzen und im Mixer pürieren. Die Topinamburwürfel mit dem Zucker in 30 Gramm Butter anschwitzen, bis sie rundherum glasiert sind. Drei Esslöffel Wasser zugeben und vollständig verkochen lassen. In dieser Weise fortfahren, bis das Gemüse gar ist. Warm stellen.

Die Schalotte in etwas Olivenöl anschwitzen. Die eingeweichten Steinpilze, den Geflügelfond sowie die restliche Sahne und Butter zugeben und aufkochen lassen. Die Mischung im Mixer pürieren, würzen und durch ein Sieb passieren.

In einem Topf das restliche Olivenöl auf 65 °C erhitzen. Den Topf vom Herd nehmen, die Eigelbe in das heiße Öl gleiten und mindestens 15 Minuten ziehen lassen. Etwas Topinamburpüree und einige glasierte Topinamburwürfel in jedes Glas geben und je ein Eigelb hineinsetzen. Mit grobem Salz würzen. Die Steinpilzcreme mit dem Pürierstab aufschäumen und über das Eigelb ziehen. Mit Kartoffel- und Topinamburchips servieren.

TIPP Die zehn übrig gebliebenen Eiweiße können Sie für verschiedenes Gebäck verwenden, beispielsweise für *financiers*, feine Mandelbiskuits mit kandierten Früchten, oder für ein Zitronensorbet. Die Eiweiße lassen sich auch gut einzeln in kleinen Förmchen einfrieren, anschließend herauslösen und luftdicht in einem Gefrierbeutel verpackt aufbewahren.

Kräftiger Weißwein von guter Struktur;
serviert mit 10–12 °C: Châteauneuf-du-Pape,
Vieilles Vignes 2002,
Château de Beaucastel, Jean Pierre &
François Perrin, Courthézon

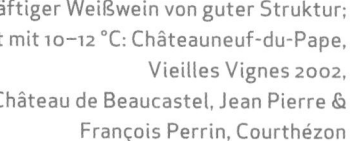

LAUCHCREME MIT KETA-KAVIAR, ARGANÖL UND LACHS-TEMPURA

Für 10 Gläser
Vorbereitung: 1 Stunde
Garzeit: 20 Minuten

2 Frühlingszwiebeln • 250 g Lauch (nur den weißen Teil) • 1 Blatt Gelatine • Olivenöl • 1 EL Crème fraîche • 300 ml Sahne • Salz und Pfeffer • 250 g Keta-Kaviar • 100 ml Arganöl

Lachs-Tempura
500 g Tempura-Mix (Fertigmischung aus dem Asialaden) • 1 Eigelb • Mineralwasser • 1 kg frisches Lachsfilet • Pflanzenöl zum Frittieren

Die Frühlingszwiebeln putzen und in feine Scheiben schneiden, den Lauch säubern und grob in Stücke schneiden. Die Gelatine in kaltem Wasser einweichen.

Die Frühlingszwiebeln und den Lauch in Olivenöl anschwitzen. Die Crème fraîche und die Sahne zugeben, aufkochen und 5 Minuten eindicken lassen. Vom Herd nehmen, mit Salz und Pfeffer würzen und die sorgfältig ausgedrückte Gelatine unterrühren. Die Mischung im Mixer pürieren und durch ein Sieb passieren.

Für die Tempura die Teigmischung mit dem Eigelb vermengen und nach und nach so viel Mineralwasser unterrühren, bis die Masse die Konsistenz von Crêpe-Teig hat. Das Lachsfilet in breite Streifen schneiden, durch den Tempura-Teig ziehen und im 180 °C heißen Öl ausbacken. Auf Küchenpapier abtropfen lassen.

Ein wenig Keta-Kaviar in jedes Glas geben und mit Lauchcreme auffüllen. Mit Arganöl beträufeln, die Lachs-Tempura darauf anrichten und servieren.

TIPP Statt frischen Lauch können Sie auch Tiefkühlware verwenden.

ERBSEN-GUACAMOLE →
MIT MAISSORBET UND SPECKSCHNITTCHEN

Für 10 Gläser
Vorbereitung: 45 Minuten
Garzeit: 15 Minuten

Erbsen-Guacamole
500 g frische gepalte Erbsen • 1 Avocado • 100 ml Olivenöl • 1 EL Zucker • Salz • 1 Prise Piment d'Espelette (ersatzweise scharfes Paprikapulver)

Maissorbet
1 Dose (600 g) Zuckermais • 100 g Invertzucker (erhältlich im Konditoreifachhandel oder über das Internet) oder 50 g Glukose (aus dem Reformhaus) • 10 Scheiben Baguette • 10 hauchdünne Scheiben geräucherter Bauchspeck (vorzugsweise vom Bigorre-Schwein; siehe Anmerkung Seite 12) • 100 g Popcorn

Die Erbsen in kochendem Salzwasser 15 Minuten garen, kalt abschrecken und abtropfen lassen. Die Avocado schälen. Das Fruchtfleisch vom Stein lösen und mit den Erbsen, dem Olivenöl, dem Zucker, etwas Salz und dem Piment d'Espelette im Mixer pürieren. Eventuell noch etwas kaltes Wasser unterrühren – das Püree sollte von feiner, leicht zähfließender Konsistenz sein. Durch ein Sieb passieren.

Den abgetropften Mais mit 80 Milliliter kaltem Wasser im Mixer pürieren. Den Invertzucker mit zwei Esslöffeln Wasser aufkochen und unter den pürierten Mais mengen (Glukose einfach untermischen). Die Masse durch ein Sieb passieren und in der Eismaschine gefrieren.

Inzwischen die Baguettescheiben toasten. Die Speckscheiben in einer Pfanne ohne Zugabe von Fett erwärmen und auf die Brote legen. Die Erbsen-Guacamole in die Gläser füllen, je ein Bällchen Maissorbet daraufsetzen und mit Popcorn garnieren. Mit den Speckschnittchen servieren.

TIPP Das Grün der Erbsen bleibt besonders schön, wenn man eine Prise Natron ins Kochwasser gibt.

Champagne brut rosé, serviert mit 8 °C:
Champagne Gosset Grand Rosé,
Jean-Pierre Cointreau, Ay

Für 10 Gläser
Vorbereitung: 45 Minuten
Garzeit: 25 Minuten

2 Knollen Gemüsefenchel
100 ml Olivenöl, plus Olivenöl zum Garen
Salz und Pfeffer
3 EL Perltapioka
100 ml Passionsfruchtsaft
Saft von 1 Orange
3 EL Passionsfruchtmark
Saft von ½ Zitrone
10 Jakobsmuschelnüsschen

Kokosschaum
200 ml Kokosmilch
200 ml Milch
1 TL Zucker
1 Schuss Olivenöl

GEBRATENE JAKOBSMUSCHELN
MIT GESCHMOLZENEM FENCHEL, PASSIONSFRUCHT-VINAIGRETTE UND KOKOSSCHAUM

Den Fenchel putzen, in dünne Streifen schneiden und mit einem Schuss Olivenöl in wenig Wasser garen, bis er ganz weich ist. Würzen.

Inzwischen die Tapiokaperlen in leicht gesalzenem Wasser bei schwacher Hitze garen – sie sollten am Ende durchsichtig sein. In einem Sieb abtropfen lassen und unter kaltem Wasser abspülen.

Den Passionsfruchtsaft mit dem Orangensaft vermengen und sirupartig einkochen. Abkühlen lassen, das Passionsfruchtmark, die Tapiokaperlen, den Zitronensaft und 100 Milliliter Olivenöl untermengen. Die Vinaigrette würzen und beiseitestellen.

Für den Koksschaum die Kokosmilch mit der Milch und dem Zucker zum Kochen bringen, nach und nach etwas Olivenöl einträufeln und mit dem Stabmixer, den man in einem Winkel von 45 Grad in die Flüssigkeit hält, aufschäumen, bis die Mischung emulgiert ist.

In einer beschichteten Pfanne etwas Olivenöl erhitzen. Die Jakobsmuschelnüsschen einlegen, von beiden Seiten braten und mit Salz und Pfeffer würzen.

In jedes Glas etwas Fenchel geben und die Jakobsmuscheln darauf anrichten. Mit der Passionsfrucht-Vinaigrette überziehen und mit einem Häubchen Kokosschaum krönen.

TIPP Sie können die Jakobsmuscheln auch in geklärter Butter braten, so nehmen sie ein leicht nussiges Aroma an.

Weißer Dessertwein,
serviert mit 8–10 °C:
Vouvray Le Mont 2002,
Domaine Huet,
Noël Pinguet, Vouvray

Für 10 Gläser
Vorbereitung: 50 Minuten
Garzeit: 30 Minuten

400 g mehligkochende Kartoffeln
(beispielsweise Bintje)
500 ml Milch
100 ml Sahne
60 g Zucker
50 g Quark
1 Prise Salz

Erbsensuppe
250 g frische gepalte Erbsen
200 ml heller Geflügelfond
(siehe Seite 170)
3 EL Sahne
1 Stückchen Butter
2 EL Olivenöl
1 EL Zucker
Salz

Knusprige Schinkenplätzchen
30 g Butter
1 EL Mehl
1 Prise Salz
2 Scheiben luftgetrockneter Schinken,
gehackt

WARME ERBSENSUPPE MIT KARTOFFEL-QUARK-CREM
UND SCHINKENPLÄTZCHEN

Den Ofen auf 180 °C vorheizen. Die ungeschälten Kartoffeln weich kochen. Die Erbsen in kochendem Salzwasser garen und kalt abschrecken. Den Geflügelfond mit der Sahne und der Butter erhitzen. Die Erbsen, das Olivenöl und den Zucker hineingeben und im Mixer pürieren. Salzen und durch ein Sieb passieren. Die Suppe warm stellen, jedoch nicht aufkochen, damit ihre leuchtend grüne Farbe erhalten bleibt.

Die noch warmen Kartoffeln schälen und durch ein Sieb streichen. Die Milch mit der Sahne und dem Zucker erhitzen, 150 Gramm der passierten Kartoffeln zugeben, dann den Quark untermengen und salzen. Alles noch mal gut durchmischen und im Mixer pürieren. Die Masse in einen Siphon, bestückt mit drei Kartuschen, füllen. Den Siphon in ein sehr heißes Wasserbad stellen.

Für die Schinkenplätzchen die Butter mit 30 Milliliter Wasser erhitzen, die restlichen passierten Kartoffeln, das Mehl und eine Prise Salz zugeben, gut vermengen und abkühlen lassen.

Die erkaltete Masse löffelweise auf ein mit Backpapier ausgelegtes Blech auftragen und mit dem Löffelrücken zu kleinen runden Plätzchen verstreichen. Mit dem gehackten Schinken bestreuen und in 6 Minuten im Ofen knusprig backen.

Die warme Erbsensuppe in die Gläser füllen, mit dem Siphon ein Häubchen Kartoffel-Quark-Creme aufspritzen und mit den Schinkenplätzchen servieren.

TIPP Damit die Erbsensuppe ihre leuchtend grüne Farbe behält, darf sie auf keinen Fall aufkochen. Ist es doch passiert, können Sie einfach einige blanchierte Spinatblätter untermischen und die Suppe im Mixer noch einmal aufschäumen.

Fruchtiger Rotwein,
serviert mit 12–14 °C:
Saint-Amour Ondine 2006,
La Condemine, Véronique,
Cécile & Pierre Janny, Péronne

Für 12 Gläser
Vorbereitung: 35 Minuten
Garzeit: 5 Minuten

500 ml Gemüsebrühe
10 Koriandersamen
1 Lorbeerblatt
1 Zweig Thymian
1 Streifen unbehandelte Zitronenschale
300 g Thunfischfilet
Salz und Pfeffer
3 Blatt Reispapier
Pflanzenöl zum Frittieren
30 g schwarzes Olivenpulver
(siehe Tipp unten)

Avocadotatar mit Zitrusfrüchten
2 Tomaten
1 Limette
½ Grapefruit
2 Avocados

2 EL Olivenöl
Saft von ½ Zitrone
3 EL gehackte Kräuter (Minze, Kerbel,
Schnittlauch, Koriandergrün)
1 Prise edelsüßes Paprikapulver
Salz und weißer Pfeffer

Vinaigrette
2 EL Balsamico-Karamell
(siehe Seite 170)
1 EL Sojasauce
1 EL Zitronensaft
1 Prise frisch geriebener Ingwer
5 EL Olivenöl

THUNFISCHSPIESSCHEN MIT BALSAMICO-VINAIGRETTE UND AVOCADOTATAR MIT ZITRUSFRÜCHTEN

Die Gemüsebrühe mit den Koriandersamen, dem Lorbeer, dem Thymian und der Zitronenschale zum Kochen bringen. Das Thunfischfilet in zehn gleich große Stücke zerteilen und mit Salz und Pfeffer würzen. In die siedende Brühe einlegen, vom Herd nehmen und 3 Minuten ziehen lassen. Mit einem Schaumlöffel vorsichtig herausheben und auf einen Teller legen.

Für das Tatar die Tomaten 10 Sekunden in kochendes Wasser tauchen und kalt abschrecken. Häuten, von den Samen und Stielansätzen befreien und fein würfeln. Die Limette und die halbe Grapefruit mitsamt der weißen Innenhaut sauber schälen, filetieren und die Filets in kleine Stücke schneiden. Die Avocados schälen, das Fruchtfleisch vom Stein lösen, würfeln und sofort mit den Zitrusfrüchten vermengen (damit es nicht braun wird). Die Tomatenwürfel, das Olivenöl, den Zitronensaft und die gehackten Kräuter untermengen und mit dem Paprikapulver sowie Salz und Pfeffer würzen. Das Tatar auf die Gläser verteilen und kalt stellen.

Sämtliche Zutaten für die Vinaigrette gründlich verrühren. Die Reisblätter vierteln und im 150 °C heißen Öl frittieren; auf Küchenpapier abtropfen lassen und salzen.

Die pochierten Thunfischstücke in dem Olivenpulver wenden und einzeln auf kleine Holzspieße stecken. In jedes Glas einen Thunfischspieß stellen und mit etwas Vinaigrette beträufeln. Mit einem Reisblattchip dekorieren und servieren.

TIPP Für das Olivenpulver entsteinte schwarze Oliven im 90 °C heißen Ofen 4 Stunden trocknen lassen, anschließend im Mixer zermahlen und in einem luftdicht verschlossenen Gefäß aufbewahren.

Kräftiger Weißwein von guter Struktur;
serviert mit 10–12 °C: Châteauneuf-du-Pape,
Vieilles Vignes 2002, Château de Beaucastel,
Jean Pierre & François Perrin, Courthézon

Für 10 Gläser
Vorbereitung: 30 Minuten
Garzeit: 1 Stunde 20 Minuten

8 Stangen Rhabarber	
4 EL Olivenöl	
5 EL Zucker	
200 ml Muscat	
10 Scheiben Entenstopfleber *(foie gras de canard)* von je 20 g	
Geklärte Butter (siehe Seite 170)	
1 EL Sesam	
Einige Blätter Rucola	

Glühweinsirup

2,5 l Rotwein
150 ml Balsamicoessig
100 g Zucker
1 Zimtstange
1 EL Sichuanpfefferkörner
1 TL Koriandersamen
5 Sternanis

GEBRATENE ENTENSTOPFLEBER
MIT RHABARBERKOMPOTT UND GLÜHWEINSIRUP

Den Rhabarber schälen, fünf Stangen längs halbieren und in ein Zentimeter dicke Stücke schneiden. In einer Pfanne mit zwei Esslöffeln Olivenöl und drei Esslöffeln Zucker garen, bis die Stücke zu einem Kompott zerfallen sind.

Den Ofen auf 150 °C erhitzen. Die restlichen Rhabarberstangen ebenfalls längs spalten, jedoch in fünf Zentimeter lange Stücke schneiden. Den restlichen Zucker und das restliche Olivenöl verrühren, den Rhabarber in der Mischung wenden und 20 Minuten im Ofen backen, bis er kandiert ist.

Inzwischen den Muscat zu einem Sirup einkochen und dann über den gebackenen Rhabarber ziehen.

Für den Glühweinsirup den Wein mit dem Essig, dem Zucker und sämtlichen Gewürzen vermengen und 1 Stunde reduzieren, bis er eine sirupartige Konsistenz angenommen hat. Durch ein Sieb gießen.

Die Foie-gras-Scheiben in der Pfanne in geklärter Butter von beiden Seiten braten.

Etwas Rhabarberkompott in jedes Glas füllen, je ein Scheibchen Stopfleber darin anrichten und mit dem konzentrierten Glühwein umträufeln. Mit Sesam bestreuen, mit einem Rucolablatt und dem kandierten Rhabarber garnieren und servieren.

TIPP Bereiten Sie den Glühweinsirup am besten am Vortag zu. Den Rest können Sie einfrieren und wie Balsamicoessig für verschiedene Salatdressings verwenden oder zu gebratenem Fleisch servieren.

Champagne brut rosé, serviert mit 8 °C, Louis Roederer Brut Premier, Jean-Claude Rouzaud, Reims

Für 10 Gläser
Vorbereitung: 30 Minuten
Garzeit: 30 Minuten

Spargel-Velouté
500 g grüner Spargel
80 g Spinat
250 ml heller Geflügelfond
(siehe Seite 170)
500 ml Sahne
100 g Butter
Olivenöl
Salz
1 Prise Zucker

125 g ausgelöste Kaisergranatschwänze (etwa 25 ungeschälte
Kaisergranate)
60 g gemischtes Fischfilet
(Lachs, Dorade)
1 Ei
50 ml Sahne
Salz und Pfeffer
250 g geschlagene Sahne
80 g Parmesan

MOUSSE VOM KAISERGRANAT, FEINE SPARGEL-VELOUTÉ UND PARMESANCHIPS

Den Ofen auf 90 °C vorheizen. Die Spargelstangen schälen und von den holzigen Enden befreien. Die Stangen zu einem Bund schnüren, in kochendem Salzwasser garen, kalt abschrecken und abtropfen lassen. Den Spinat entstielen, gründlich waschen und in kochendem Wasser blanchieren. Kalt abschrecken und abtropfen lassen.

Inzwischen das Kaisergranatfleisch und den Fisch im Mixer pürieren. Das Ei und die flüssige Sahne untermischen und mit Salz und Pfeffer würzen. Vorsichtig die geschlagene Sahne unterziehen und die Farce mithilfe eines Löffels oder mit einem Spritzbeutel ein Drittel hoch in die Gläser einfüllen. Die Gläser in eine ofenfeste Form (beispielsweise einen Bräter) stellen, heißes Wasser zugießen und die Mousse im Wasserbad im Ofen 15 Minuten garen, bis sie gestockt ist.

Für die Spargel-Velouté den Geflügelfond mit der Sahne, der Butter und einem Schuss Olivenöl zum Kochen bringen. Den Spargel und den Spinat zugeben und die Mischung mit dem Stabmixer pürieren. Die Suppe mit Salz und Zucker abschmecken, durch ein Sieb passieren und über die Mousse in die Gläser füllen.

Für die Chips den Parmesan in eine Schale reiben und mit einem Löffel so in eine beschichtete Pfanne streuen, dass kreisrunde Chips entstehen und erhitzen. Sobald der Käse geschmolzen ist, die Chips mit einem Spatel vom Pfannenboden lösen und herausheben. Die Gläser mit den Parmesanchips garnieren und servieren.

TIPP Die Parmesanchips sind ein Klassiker, den Sie ganz schnell beherrschen. Wichtig ist, dass die Pfanne richtig heiß ist.

Das heiße Wasserbad ist auch ideal zum Warmhalten der Mousse nach dem Garen. Achten Sie darauf, hitzebeständige Gläser ohne Fuß zu verwenden.

Champagne millésimé (Jahrgangschampagner),
weiß oder rosé, serviert mit 10 °C:
Champagne Krug 1995, Rémy Krug, Reims

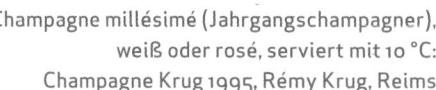

Für 10 Gläser
Vorbereitung: 1 Stunde
Garzeit: 20 Minuten
Ruhen: 10 Minuten

1,2 kg Lachsfilet am Stück
Rauchsalz und Pfeffer
Olivenöl
1 Handvoll Zuckerschoten
100 g geschlagene Sahne
150 g Schwertfischrogen
(falls erhältlich; ersatzweise
Forellen- oder Lachskaviar)

1 Spritzer Zitronensaft
300 g Kartoffeln
50 g geklärte Butter
(siehe Seite 170)

HALBROHER LACHS MIT RAUCHSALZ, KARTOFFELCHIPS UND SCHWERTFISCHKAVIAR

Den Ofen auf 100 °C vorheizen.

Das Lachsfilet mit Rauchsalz und Pfeffer würzen und mit Olivenöl einreiben. Den Fisch 10 Minuten im Ofen garen, herausnehmen, mit Frischhaltefolie bedecken und 10 Minuten ruhen lassen. Das Filet von Haut und dem fetten Bauchlappen befreien und in 2,5 Zentimeter große Würfel schneiden.

Die Zuckerschoten in kochendem Salzwasser 3 Minuten garen, kalt abschrecken und abtropfen lassen.

Die geschlagene Sahne unter 100 Gramm des Schwertfischrogens ziehen und mit einem Spritzer Zitronensaft sowie Salz und Pfeffer abschmecken.

Die Ofentemperatur auf 180 °C erhöhen. Die Kartoffeln schälen und in eine zylindrische Form bringen. In dünne runde Scheiben schneiden, diese mit geklärter Butter einpinseln und zwischen zwei Lagen Backpapier im Ofen goldbraun backen.

Zuerst die Lachswürfel, dann die Zuckerschoten und die Chips in die Gläser schichten und mit einem Kaviar-Sahnehäubchen krönen. Mit dem restlichen Schwertfischrogen garnieren und servieren.

TIPP Die Schlagsahne sollte locker und nicht zu steif sein, sonst gerinnt sie, sobald man den Zitronensaft zugibt.

Kräftiger Weißwein von guter Struktur; serviert mit 10–12 °C: Châteauneuf-du-Pape, Vieilles Vignes 2002, Château de Beaucastel, Jean Pierre & François Perrin, Courthézon

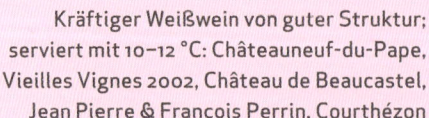

Für 10 Gläser
Vorbereitung: 30 Minuten
Garzeit: 10 Minuten

300 g frische Nudeln
(Capellini oder Tagliatelle)
100 g gegartes Krabbenfleisch
Olivenöl
Salz, Pfeffer und Sichuanpfeffer
Saft von ½ Zitrone
1 EL Sahne
6 kandierte Tomatenblättchen
(siehe Seite 171), gewürfelt
1 unbehandelte Limette

1 TL gehacktes Koriandergrün, plus
Koriandergrün zum Garnieren
2 EL in feine Streifen geschnittener
roher Wirsing
150 g Joghurt
1 Prise Piment d'Espelette (ersatzweise scharfes Paprikapulver)
300 g Wolfsbarschfilet

SALAT VON FRISCHER PASTA MIT GEBACKENEM WOLFSBARSCH UND JOGHURTDRESSING

Den Ofen auf 150 °C vorheizen. Die Nudeln in kochendem Salzwasser garen. Kalt abschrecken und abtropfen lassen.

Das Krabbenfleisch mit Olivenöl, Salz, Sichuanpfeffer und einem Spritzer Zitronensaft würzen; die Sahne und die kandierten Tomatenwürfel untermengen.

Etwas Limettenschale für das Dressing abreiben, die Frucht inklusive der weißen Innenhaut sauber schälen, filetieren und die Fruchtfilets in kleine Stücke schneiden. Mit dem gehackten Koriandergrün, etwas Olivenöl und den Kohlstreifen unter die Pasta mengen.

Für das Dressing den Joghurt mit der Limettenschale, dem Piment d'Espelette, einem Spritzer Zitronensaft und etwas Olivenöl verrühren und mit Salz und Pfeffer abschmecken.

Das Wolfsbarschfilet in zehn dünne Scheiben schneiden und nebeneinander auf ein mit Backpapier bedecktes Blech legen. Salzen, pfeffern und mit Olivenöl beträufeln. Kurz vor dem Servieren für 4 Minuten in den Ofen schieben – der Fisch sollte im Kern noch leicht »rosa« sein.

Etwas Krabbenfleisch in die Gläser füllen und nacheinander den Pastasalat und die lauwarmen Wolfsbarschscheiben einschichten. Mit dem Joghurtdressing überziehen und mit einem Zweig Koriandergrün dekoriert servieren.

TIPP Zum Filetieren von Zitrusfrüchten zunächst beide Enden von der Frucht abschneiden, damit sie festen Stand hat. Dann die Frucht auf ein Brett stellen und mit einem Messer von oben nach unten der Rundung folgend samt der weißen Innenhaut schälen. Anschließend die Frucht in die Hand nehmen, mit einem kleinen Messer zwischen die hellen Trennwände fahren und so nach und nach die Fruchtfilets auslösen.

Fruchtiger, mineralischer
Weißwein, serviert bei 8–10 °C:
Coteaux-du-Languedoc,
Picpoul de Pinet 2006, Les Peyrilles,
Gilles & Lisbeth Pourcel, Florensac

Für 10 Gläser
Vorbereitung: 30 Minuten
Ziehen: 1 Stunde
Marinieren: 10 Minuten

Erdbeer-Melonen-Salat
250 g Erdbeeren (vorzugsweise
Gariguette)
200 g Wassermelone
80 g reife grüne Ananas
4 Blätter Pfefferminze, gehackt
1 EL Balsamicoessig
Olivenöl

5 schöne Jakobsmuschelnüsschen
Saft von 1 Zitrone
Olivenöl
1 Prise Piment d'Espelette (ersatz-
weise scharfes Paprikapulver)
Salz, Pfeffer und Sichuanpfeffer
Abgeriebene Schale von 1 unbe-
handelten Limette
150 g gemischte junge Blattsalate
(Rucola, Portulak, Löwenzahn,
Sauerampfer …)
10 g Sesam

ERDBEER-MELONEN-SALAT MIT JAKOBSMUSCHEL-CARPACCIO

Die Erdbeeren in kleine Würfel schneiden, die Wassermelone von den
Kernen befreien. Die Ananas schälen und ganz fein würfeln. Die Früchte
mit der Pfefferminze vermengen, mit dem Balsamicoessig und etwas
Olivenöl würzen und etwa 1 Stunde stehen lassen, damit die Aromen
durchziehen.

Den Fruchtsalat in Gläser füllen und kalt stellen.

Die Jakobsmuschelnüsschen in hauchdünne Scheiben schneiden und
nebeneinander auf eine Platte legen. Mit etwas Zitronensaft und
drei Esslöffeln Olivenöl beträufeln und mit Piment d'Espelette, Salz,
Sichuanpfeffer und der abgeriebenen Limettenschale würzen. An
einem kühlen Ort 10 Minuten marinieren.

Die Blattsalate mit Salz, Pfeffer, Zitronensaft und Olivenöl anmachen.

Die marinierten Jakobsmuschelscheiben wie ein Carpaccio auf dem
Fruchtsalat anrichten und mit den Blattsalaten garnieren. Mit den
Sesamsamen bestreuen und servieren.

TIPP Diese im Handumdrehen
zubereiteten Gläschen sind nur
ein voller Erfolg, wenn Sie den
Blattsalat erst im allerletzten
Moment anmachen.

Champagne millésimé (Jahrgangschampagner),
weiß oder rosé, serviert mit 10 °C:
Champagne Veuve Cliquot-Ponsardin, Vintage
Réserve 1998, Groupe LVMH, Reims

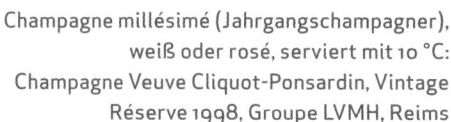

Für 10 Löffel
Vorbereitung: 1 Stunde 10 Minuten
Garzeit: 50 Minuten

Artischocken-Guacamole
4 große Artischocken
2 Knoblauchzehen
1 Schalotte, in feine Streifen
geschnitten
Olivenöl
Salz und Pfeffer
Saft von ½ Zitrone
250 g Ziegenfrischkäse
2 EL gemischte gehackte Kräuter
(Kerbel, Petersilie, Koriandergrün)

Risotto
1 Schalotte, in feine Streifen geschnitten
Olivenöl
100 g Risottoreis

50 ml Weißwein
300 ml heißer heller Geflügelfond
(siehe Seite 170)
30 g Butter
50 g Parmesan, frisch gerieben
3 EL geschlagene Sahne
Salz und Pfeffer

Pesto
1 Bund Basilikum
100 ml Olivenöl
10 g Pinienkerne

10 kleine Kalmartuben, gesäubert
Balsamico-Karamell (siehe Seite 170)
Piment d'Espelette (ersatzweise
scharfes Paprikapulver)

MIT RISOTTO GEFÜLLTE
KALMARTUBEN AUF ARTISCHOCKEN-GUACAMOLE

Die Artischocken schälen: Die Spitze der Blütenköpfe kappen, die harten Außenblätter abziehen, die inneren Blätter rundherum mit einem Messer abschneiden, bis das Herz frei liegt. Das Heu aus der Mitte herauslösen und die Artischockenböden in Scheiben schneiden. Den Knoblauch schälen und durchpressen. Die Artischocken, die Schalotte und den Knoblauch in Olivenöl anschwitzen, mit Wasser bedecken und 25 Minuten garen. Mit Salz und Pfeffer würzen und den Zitronensaft unterrühren. Das Gemüse mit dem zerkleinerten Ziegenkäse im Mixer pürieren und so viel von der Garflüssigkeit einarbeiten, bis die Masse von streichfähiger Konsistenz ist. Die gehackten Kräuter untermengen und beiseitestellen.

Für den Risotto die Schalotte in Olivenöl farblos anschwitzen, den Reis einstreuen und unter Rühren glasig schwitzen. Den Wein zugießen und vollständig verkochen lassen. Etwas Geflügelfond zugeben und unter ständigem Rühren garen, bis der Reis die Flüssigkeit restlos absorbiert hat. Nach und nach weiteren Fond zugießen und beständig rühren, bis der Reis gar und sämtlicher Fond verbraucht ist. Die Butter, den Parmesan und die geschlagene Sahne unterziehen und den Risotto mit Salz und Pfeffer abschmecken.

Für das Pesto sämtliche Zutaten mit drei Esslöffeln heißem Wasser im Mixer fein zermahlen.

Die Kalmartuben mit dem Risotto füllen, mit kleinen Holzspießen verschließen und in der Pfanne in Olivenöl braten. Die Artischocken-Guacamole auf gläsernen Löffeln anrichten und mit je einer Kalmartube belegen. Mit etwas Pesto und Balsamico-Karamell vollenden, ein wenig 76Piment d'Espelette darüberstreuen und servieren.

TIPP Um die Vorbereitungszeit etwas abzukürzen, können Sie auch zu fertigem Pesto von guter Qualität greifen.

Fruchtiger, mineralischer Weißwein, serviert
mit 8–10 °C: Chablis Vieilles Vignes 2003,
Domaine Jean-Marc Brocard, Chablis

Für 10 Gläser
Vorbereitung: 40 Minuten
Garzeit: 20 Minuten

Tomaten-Artischocken-Tajine	**Chermoula**
2 weiße Zwiebeln	2 Knoblauchzehen
Olivenöl	2 Zweige glatte Petersilie
2 Knoblauchzehen, gehackt	2 Zweige Koriandergrün
1 TL frisch geriebener Ingwer	1 EL edelsüßes Paprikapulver
Einige Safranfäden	1 EL gemahlener Kreuzkümmel
½ Bund Koriandergrün, gehackt	50 ml Olivenöl
Saft von 1 Zitrone	Saft von 1 Zitrone
2 Artischockenböden	Salz und weißer Pfeffer
500 ml Gemüsebrühe	
100 g in Öl und Knoblauch eingelegte Tomaten (im Feinkosthandel)	10 frische Sardellen
½ in Salz eingelegte Zitrone (im marokkanischen oder Feinkosthandel), gewürfelt	5 Blätter Filoteig (vom Griechen oder aus dem Kühlregal im gut sortierten Lebensmittelhandel; das türkische Pendant heißt *yufka*)
30 g rotbraune Oliven	1 Eigelb

TOMATEN-ARTISCHOCKEN-TAJINE
UND FRISCHE SARDELLEN IM KNUSPRIGEN TEIGMANTE

Den Ofen auf 210 °C vorheizen. Für die Tajine die Zwiebeln schälen und in Olivenöl anschwitzen. Den Knoblauch, den Ingwer, den Safran, das Koriandergrün, den Zitronensaft und die Artischockenböden zugeben, mit der Gemüsebrühe auffüllen und bei schwacher Hitze etwa 10 Minuten garen. Die eingelegten Tomaten, die eingelegte Zitrone und die Oliven untermengen und die Tajine warm stellen.

Für die Chermoula den Knoblauch und die Kräuter fein hacken und mit den restlichen Zutaten gründlich vermengen.

Die frischen ausgenommenen Sardellen von den Köpfen befreien. Dann die Fische aufklappen, mit dem Rücken nach oben auf die Arbeitsfläche legen und entlang dem Rückgrat flach drücken. Umdrehen und die Mittelgräte in einem Stück so herausziehen, dass die Filets am Rücken und Schwanz noch zusammenhalten. Die Filoteigblätter halbieren und mit dem Eigelb bestreichen. Die Sardellenfilets rundherum mit der Chermoula bestreichen, in die Teigblätter einschlagen und 10 Minuten im Ofen backen, bis sie knusprig sind.

Die Tajine in Gläsern anrichten, je ein knuspriges Teigtäschchen hineingeben und sofort servieren.

TIPP Falls Ihnen die Vorbereitung der Sardellen zu mühsam ist, bitten Sie Ihren Fischhändler, die Fische in der beschriebenen Weise vorzubereiten.

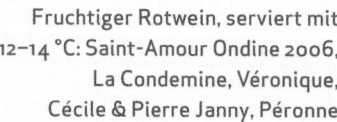

Fruchtiger Rotwein, serviert mit 12–14 °C: Saint-Amour Ondine 2006, La Condemine, Véronique, Cécile & Pierre Janny, Péronne

Für 10 Gläser
Vorbereitung: 50 Minuten
Garzeit: 20 Minuten

Makrelen-Rillette
4 Schalotten
100 ml Weißwein
6 Makrelenfilets
Feines Salz und weißer Pfeffer
Olivenöl
100 g Quark
1 Bund Schnittlauch, in Röllchen geschnitten
1 Prise Piment d'Espelette
50 g geröstete Pinienkerne

Zahluk
500 g junge Zucchini
3 Zwiebeln
150 ml Olivenöl
2 Zweige frischer Thymian
1 Lorbeerblatt

3 Knoblauchzehen, gehackt
Saft von 2 Zitronen
Salz und Pfeffer
2 EL gehacktes Koriandergrün
50 g kandierte Tomatenblättchen
(siehe Seite 171)

Chlada
4 Tomaten
½ in Salz eingelegte Zitrone
2 Schalotten
1 EL gemischte gehackte Kräuter (Koriandergrün, Kerbel, Petersilie, Schnittlauch)
1 EL Sherryessig
1 EL Balsamicoessig
100 ml Olivenöl
Salz und Pfeffer

MAKRELEN-RILLETTE MIT QUARK, ZUCCHINI-ZAHLUK & TOMATEN-CHLADA

Den Ofen auf 150 °C vorheizen. Für die Rillette die Schalotten schälen, in feine Streifen schneiden und in dem Weißwein bei schwacher Hitze garen; beiseitestellen.

Die Makrelenfilets auf ein Blech legen und mit Salz und Pfeffer würzen. Mit Olivenöl beträufeln und 6–8 Minuten im Ofen garen. Abkühlen lassen und mit einer Gabel zerpflücken. Den Quark, die Schalotten, den Schnittlauch und noch etwas Olivenöl zugeben und mit Salz und Pfeffer abschmecken. Den Piment d'Espelette und die Pinienkerne untermengen und kalt stellen.

Für den *zahluk* die Zucchini in Stücke schneiden und 2 Minuten in kochendem Wasser blanchieren. Kalt abschrecken und grob hacken. Die Zwiebeln schälen, in Streifen schneiden und in dem Olivenöl anschwitzen. Den Thymian, den Lorbeer und den Knoblauch zugeben; dann den Zitronensaft und die Zucchini untermengen, mit Salz und Pfeffer würzen und zugedeckt bei schwacher Hitze etwa 8 Minuten garen. Vom Herd nehmen, das gehackte Koriandergrün und die kandierten Tomatenblättchen untermischen und abschmecken.

Für das *chlada* die Tomaten 10 Sekunden in kochendes Wasser tauchen. Kalt abschrecken, häuten und von den Samen befreien. Das Fruchtfleisch fein würfeln. Die eingelegte Zitrone in ganz feine Würfel (Brunoise) schneiden, die Schalotten schälen und fein hacken. Sämtliche Zutaten mit den gehackten Kräutern, beiden Essigsorten und dem Olivenöl vermengen und mit Salz und Pfeffer abschmecken.

Den Zucchini-*Zahluk* in die Gläser füllen und etwas *chlada* darübergeben. Die Makrelen-Rillette darauf anrichten und servieren.

TIPP Dieses Rezept funktioniert auch wunderbar mit weißem Thunfisch.

Fruchtiger, mineralischer Weißwein, serviert bei 8–10 °C:
Coteaux-du-Languedoc, Picpoul de Pinet 2006, Les Peyrilles, Gilles & Lisbeth Pourcel, Florensac

Für 10 Gläser
Vorbereitung: 45 Minuten
Garzeit: 5 Minuten
Marinieren: 15 Minuten

200 g Bulgur
½ Blumenkohl
10 Sardinen
Salz, Fleur de Sel und weißer Pfeffer
100 ml Olivenöl, plus Olivenöl
zum Braten
2 EL Arganöl
2 EL Rapsöl
Saft von 1 Zitrone
Abgeriebene Schale von
1 unbehandelten Limette
60 g geschlagene Sahne

Pesto
80 g Rucola
1 Bund Minze, plus Minze zum
Garnieren
100 ml Olivenöl
50 g gemahlene Mandeln
Salz

BULGUR UND BLUMENKOHL MIT ARGANÖL, RUCOLA-MINZE-PESTO UND GEBRATENEN SARDINEN

Den Ofen auf 150 °C vorheizen. Den Bulgur in kochendem Salzwasser garen. Den Blumenkohl waschen und so fein raspeln, dass er dem Bulgur ähnelt.

Für das Pesto den Rucola in kochendem Wasser 5 Sekunden blanchieren, kalt abschrecken und abtropfen lassen. Mit der Minze, dem Olivenöl und den Mandeln im Mixer pürieren, sparsam salzen und beiseitestellen.

Die Sardinen filetieren und die Fischfilets auf eine große Platte legen. Mit Fleur de Sel und Pfeffer würzen, mit dem Olivenöl übergießen und 15 Minuten marinieren.

Den geriebenen Blumenkohl, das Arganöl, das Rapsöl und die Hälfte des Zitronensafts vermengen und mit Salz und Pfeffer würzen. Den Bulgur mit dem restlichen Zitronensaft und Salz und Pfeffer abschmecken. Die Limettenschale unter die geschlagene Sahne ziehen.

Die Sardinenfilets in einer sehr heißen Pfanne in Olivenöl braten.

Den Bulgur und Blumenkohl übereinander in die Gläser schichten, mit einem Klecks Limettensahne garnieren und mit dem Pesto beträufeln. Die gebratenen Sardinenfilets seitlich darauf anrichten, mit einem Minzeblättchen dekorieren und servieren.

TIPP Sie gewinnen ein wenig Zeit, wenn Sie das etwas mühselige Filetieren der Sardinen Ihrem Fischhändler überlassen. Die Fische werden besonders knusprig, wenn Sie sie vor dem Braten in Mehl wenden.

Der Blumenkohl lässt sich am besten auf der groben Gemüsereibe raspeln. Er sollte absolut frisch und knackig sein.

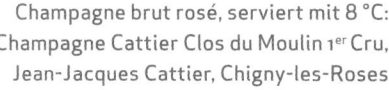

Champagne brut rosé, serviert mit 8 °C:
Champagne Cattier Clos du Moulin 1er Cru,
Jean-Jacques Cattier, Chigny-les-Roses

Für 10 Gläser
Vorbereitung: 2 Stunden
Garzeit: 40 Minuten
Wässern: 12 Stunden

500 g Klippfisch
250 g festkochende Kartoffeln
(beispielsweise Madame Pompadour)
1 l Milch
2 Knoblauchzehen
1 Lorbeerblatt
Olivenöl
100 g Chorizo
150 g kleine Kalmartuben, gesäubert
500 g Venusmuscheln
Saft von 1 Zitrone
1 Bund glatte Petersilie, gehackt
Salz und Pfeffer
1 Eigelb
Essbare Blüten zum Dekorieren

Schwarze Cracker
100 g Mehl
50 g Butter, zerlassen
3 Eiweiß
50 g Tintenfischtinte in Pulverform
50 g getrocknete Algen (im Asialaden)

KLIPPFISCHPÜREE
MIT CHORIZO UND KALMAR

Den Klippfisch zum Entsalzen 12 Stunden in kaltes Wasser einlegen. Das Wasser wiederholt wechseln.

Den Ofen auf 150 °C vorheizen.

Für die schwarzen Cracker das Mehl in einer Schüssel mit der zerlassenen Butter, den Eiweißen und der Tintenfischtinte verrühren. Ein Blech mit Backpapier auslegen und die Masse in dünnen Kreisen darauf auftragen. Mit den getrockneten Algen bestreuen und 10 Minuten im Ofen backen.

Die Kartoffeln ungeschält in Salzwasser garen und anschließend schälen.

Die Milch mit einer Knoblauchzehe und dem Lorbeerblatt zum Kochen bringen, den gewässerten Klippfisch einlegen und 3 Minuten pochieren.

Den abgetropften Klippfisch und die Kartoffeln durch die grobe Scheibe eines Passiergeräts drehen. Unter ständigem Rühren mit einem Holzlöffel nach und nach 65 °C heißes Olivenöl zugießen, bis die Masse glatt und geschmeidig ist.

Die Chorizo in dünne Scheiben schneiden und in einer Pfanne braten. Die Kalmartuben mit der durchgepressten zweiten Knoblauchzehe in Olivenöl sautieren. Die Venusmuscheln zugedeckt bei starker Hitze dämpfen, bis sie sich geöffnet haben (Muscheln, die sich nicht öffnen, wegwerfen). Das Muschelfleisch auslösen und mit ihrem Garsud, etwas Olivenöl, dem Zitronensaft und der Petersilie pürieren. Mit Salz und Pfeffer abschmecken und durch ein Sieb passieren. Das Eigelb unterschlagen, bis die Masse emulgiert ist.

Abwechselnd schwarze Cracker, Klippfischpüree, Kalmar, Chorizo und Venusmuschelpüree in die Gläser schichten, mit essbaren Blüten dekorieren und servieren.

TIPP Sie können viel Zeit sparen, wenn Sie bereits küchenfertig vorbereiteten Klippfisch einkaufen.

Tintenfischtinte finden Sie im Feinkosthandel.

Rosé, serviert mit 10 °C:
Collioure Faranell 2007,
Domaine Madeloc,
Pierre Gaillard,
Banyuls-sur-Mer

Für 10 Gläser
Vorbereitung: 30 Minuten
Garzeit: 5 Minuten
Ziehen: 15 Minuten
Gefrieren: 12 Stunden

200 g Zucker
1 Bund Minze, gehackt (einige Blätter
zum Garnieren zurückbehalten)
10 ml Pfefferminzlikör
(beispielsweise Get 27)

2 Netzmelonen (Charantais)
1 Mango
Saft von 1 Zitrone
Salz
4 Eiswürfel
200 ml Olivenöl

MELONEN-MANGO-GAZPACHO MIT MINZE-GRANITÉ

In einem Topf 800 Milliliter Wasser mit 160 Gramm Zucker zum Kochen bringen. Von der Kochstelle nehmen, die gehackte Minze und den Pfefferminzlikör unterrühren und 15 Minuten ziehen lassen.

Den Pfefferminzsirup durch ein Sieb passieren, 12 Stunden gefrieren und zwischendurch regelmäßig mit einer Gabel durchrühren, damit sich möglichst feine Eiskristalle bilden.

Die Melonen halbieren und entkernen; eine Melone beiseitelegen, die andere schälen und grob würfeln. Die Mango schälen und entsteinen. Das Fruchtfleisch mit der gewürfelten Melone, dem restlichen Zucker, dem Zitronensaft, einer Prise Salz und den Eiswürfeln im Mixer pürieren. Das Olivenöl unterrühren und den Gazpacho auf die Gläser verteilen.

Mit einem Kugelausstecher aus der zweiten Melone Kügelchen herauslösen und auf kleine Spieße stecken. Die Minze-Granité auf dem Melonen-Mango-Gazpacho anrichten, mit den Melonenkügelchen und einem Blättchen Minze dekorieren und servieren.

TIPP Variieren Sie Ihre Melonenspießchen optisch, indem Sie ein Teil des Fruchtfleischs in Würfel schneiden.

Champagne brut rosé, serviert mit 8 °C: Champagne Laurent Perrier rosé brut, Domaine Laurent Perrier, Tours-sur-Marne

Für 10 Gläser
Vorbereitung: 50 Minuten
Garzeit: 35 Minuten
Ruhen: 12 Stunden

Ravioli mit Ziegenkäse

40 g Butter
40 g Mehl
400 ml Milch
100 g Ziegenkäse (je nach Sorte
gerieben oder fein gewürfelt)
2 EL gemischte gehackte Kräuter
(Petersilie, Kerbel, Schnittlauch)
2 EL püriertes Basilikum
Salz und Pfeffer
30 g Pinienkerne, grob gehackt
20 Won-tan-Blätter (aus dem
Asialaden)

Artischockenschaumsuppe

3 große Artischocken
3 Miniartischocken (beispielsweise
Poivrade)
1 Schalotte, in feine Streifen geschnitten
30 ml Olivenöl
Salz und Pfeffer
1 l heller Geflügelfond (siehe Seite 170)
100 ml Sahne
40 g Butter
Saft von ½ Zitrone
10 Koriandersamen
10 kandierte Tomatenblättchen
(siehe Seite 171)
10 Zweige Koriandergrün zum
Dekorieren

ARTISCHOCKENSCHAUMSUPPE
UND RAVIOLI MIT ZIEGENKÄSE UND PINIENKERNEN

Am Vortag die Ravioli zubereiten: Die Butter in einem Topf zerlassen, das Mehl einstreuen, kurz anschwitzen und mit der Milch auffüllen. Unter Rühren aufkochen, den Ziegenkäse, die gehackten Kräuter und das Basilikumpüree zugeben und mit Salz und Pfeffer würzen. Sobald der Käse geschmolzen ist, die Pinienkerne untermischen und die Masse abkühlen lassen. Die Teigblätter zu Kreisen mit 3–4 Zentimeter Durchmesser ausstechen. Ein rundes Teigblatt auf die Arbeitsfläche legen, den Rand rundherum befeuchten und etwas Füllung in die Mitte geben. Einen zweiten Teigkreis auflegen, den Rand erneut mit lauwarmem Wasser benetzen und zusammendrücken. Auf diese Weise zehn Ravioli fertigen und über Nacht kalt stellen.

Am nächsten Tag die Artischocken putzen und schälen: Die Stiele und Spitzen der Blütenknospen kappen, die harten Außenblätter abziehen und die zarten inneren Blätter um zwei Drittel kürzen. Das Heu aus der Mitte herauslösen. Die großen Artischocken vierteln, die Miniartischocken ganz lassen. Die Schalotte in Olivenöl anschwitzen, die geviertelten Artischocken zugeben und würzen. Den Fond, die Sahne, die Butter, etwas Zitronensaft und die Koriandersamen zufügen und bei schwacher Hitze 30 Minuten garen. Im Mixer pürieren, die Suppe durch ein Sieb passieren und warm stellen.

Die kleinen Artischocken in feine Scheiben schneiden, in der Pfanne bei starker Hitze in Olivenöl rasch sautieren und würzen. Die Ravioli in kochendem Wasser 1 Minute garen. In Eiswasser kalt abschrecken, abtropfen lassen und auf einen leicht eingeölten Teller legen.

Jeweils einige sautierte Artischockenscheiben in die Gläser geben und ein Teigtäschchen und ein kandiertes Tomatenblättchen darauf platzieren. Die sehr heiße Suppe mit dem Mixer noch einmal aufschäumen und darüberschöpfen. Mit etwas Olivenöl beträufeln, mit Koriandergrün dekorieren und servieren. Dazu passen knusprige Parmesanchips (siehe Seite 48) oder luftgetrockneter Schinken.

TIPP Beträufeln Sie die Artischocken gleich nach dem Vierteln mit Zitronensaft, damit sie nicht braun werden. Die Miniartischocken legen Sie in Zitronenwasser, während Sie die Suppe zubereiten.

Die Füllung für die Ravioli ist reichlich bemessen. Mit dem Rest können Sie Blätter- oder Filoteig füllen.

Fruchtiger, mineralischer
Weißwein, serviert mit
8–10 °C: Chablis Vieilles
Vignes 2003, Domaine
Jean-Marc Brocard, Chablis

Für 10 Gläser
Vorbereitung: 45 Minuten
Garzeit: 1 Stunde 10 Minuten

1 lebender Hummer von 800 g
Olivenöl
2 Karotten, grob gewürfelt
½ Stange Lauch, grob gewürfelt
2 Schalotten, fein gewürfelt
2 Tomaten, geviertelt
1 EL Tomatenmark
50 ml Cognac
1 Bouquet garni
Salz und Pfeffer
100 ml Sahne

Gemüse
6 Knollen Topinambur
100 g Knollensellerie
3 Pastinaken
Butter
1 EL Zucker
200 ml heller Geflügelfond
(siehe Seite 170)
3 Estragonblätter, in feine Streifen
geschnitten
100 ml Sahne

HUMMERMEDAILLONS MIT GEMÜSE-CONFIT UND HUMMERSCHAUM

In einem großen Topf reichlich gesalzenes Wasser zum Kochen bringen. Den Hummer kopfüber in die sprudelnd kochende Flüssigkeit tauchen (er stirbt innerhalb weniger Sekunden) und 4–5 Minuten garen. Kalt abschrecken. Die Scheren, Gelenke und Beine knacken und auslösen; das Fleisch hacken. Den Schwanz aufbrechen und in einem Stück auslösen.

Die Hummerkarkasse in Olivenöl anbraten. Die Karotten, den Lauch und die Schalotten zugeben und kurz anrösten. Die Tomaten und das Tomatenmark unterrühren und mit dem Cognac flambieren. 250 Milliliter kaltes Wasser zugießen, das Bouquet garni einlegen, würzen und 1 Stunde köcheln lassen.

Inzwischen sämtliches Gemüse schälen, in kleine Würfel schneiden und in einer Sauteuse bei schwacher Hitze in Butter anschwitzen. Den Zucker einstreuen und leicht karamellisieren lassen. Den Geflügelfond zugießen und alles 20 Minuten behutsam garen. Das gehackte Hummerfleisch und den Estragon unterrühren und mit der Sahne verfeinern. Das Confit mit Salz und Pfeffer abschmecken und warm stellen.

Den Hummerfond durch ein Sieb passieren und bei schwacher Hitze um ein Drittel einkochen. Die Sahne zugeben, mit dem Mixer aufschäumen und warm stellen. Den Hummerschwanz in zehn Medaillons schneiden, in einer Pfanne in Olivenöl braten und würzen.

Je einen Esslöffel Gemüse-Confit in die Gläser geben, ein Hummermedaillon mittig daraufsetzen und mit der aufgeschäumten Hummercreme überziehen. Sofort servieren.

TIPP Schalten Sie beim Flambieren der Hummerkarkassen die Dunstabzugshaube aus, der Filter könnte sonst Feuer fangen.

Zum Aufschäumen der Hummercreme ist am besten ein leistungsfähiger Stabmixer geeignet. Halten Sie das Gerät schräg (etwa im 45-Grad-Winkel), um möglichst viel Luft einzuarbeiten.

Kräftiger Weißwein von guter Struktur; serviert mit 10–12 °C: Châteauneuf-du-Pape, Vieilles Vignes 2002, Château de Beaucastel, Jean Pierre & François Perrin, Courthézon

65

Für 10 Gläser
Vorbereitung: 40 Minuten
Garzeit: 20 Minuten

Hummus (Kichererbsenpüree)
500 g in Court-Bouillon (siehe Seite 171)
gegarte Kichererbsen (ersatzweise
Kichererbsen aus der Dose, abgetropft)
125 g Joghurt
2 Knoblauchzehen, zerdrückt
100 ml Olivenöl
1 Prise Piment d'Espelette
(ersatzweise scharfes Paprikapulver)
Salz und Pfeffer
Saft von 1 Zitrone
2 EL Sesampaste (Tahin)

3 Tomaten
10 Blätter Minze, in feine Streifen
geschnitten

Saft von ½ Zitrone
1 Schuss Olivenöl
1 Prise gemahlener Kreuzkümmel
1 TL Balsamicoessig

Frittierte Tintenfischringe
2 Eier
200 ml Milch
1 eingelegte Sardelle, zu einer Paste
zerrieben
100 g Mehl
500 g Kalmarringe
Salz
Pflanzenöl zum Frittieren
Einige Korianderblätter zum Dekorierer

FRITTIERTE TINTENFISCHRINGE
MIT HUMMUS UND TOMATEN MIT MINZE

Die Kichererbsen durch ein Passiergerät drehen und das Püree mit
dem Joghurt, dem Knoblauchmus, dem Olivenöl, einer Prise Piment
d'Espelette, etwas Salz und Pfeffer sowie dem Zitronensaft und der
Sesampaste verrühren. Das Hummus eventuell mit etwas Wasser auf
die gewünschte Konsistenz bringen. Durch ein Sieb streichen, in die
Gläser füllen und kalt stellen.

Die Tomaten 10 Sekunden in kochendes Wasser tauchen, kalt abschrecken und häuten. Das Fruchtfleisch von den Samen befreien
und in kleine Würfel schneiden. Die Minze, den Zitronensaft, einen
Schuss Olivenöl, den Kreuzkümmel und den Balsamicoessig untermengen und die Mischung über das Hummus in die Gläser schichten.

Den Backteig für die Kalmarringe zubereiten: die Eier trennen; die
Eigelbe mit der Milch und der Sardellenpaste verschlagen. Nach und
nach das Mehl einstreuen alles zu einem glatten, klümpchenfreien Teig
verarbeiten. Die Eiweiße steif schlagen und vorsichtig unter den Teig
heben. Das Pflanzenöl auf etwa 160 °C erhitzen. Die Kalmarringe durch
den Backteig ziehen, portionsweise in das heiße Öl gleiten lassen und
goldgelb frittieren. Auf Küchenpapier abtropfen lassen, salzen und
sofort in den vorbereiteten Gläsern anrichten. Mit Korianderblättern
dekorieren und servieren.

TIPP Statt der Sardelle können
Sie für den Backteig auch einen
Teelöffel fertige Sardellenpaste verwenden – das spart
ein bisschen Zeit.

Es empfiehlt sich, die Tintenfischringe in Mehl zu wenden,
bevor man sie in den Backteig
taucht. In eventuell verbliebenen
Teig können Sie Auberginen-
oder Zucchinischeiben tauchen
und ausbacken und so Gemüse-
Beignets zubereiten.

Fruchtiger, mineralischer
Weißwein, serviert mit 8–10 °C:
Blanc Fumé de Pouilly 2004,
Domaine Didier Daguenau,
Saint-Andelain

Für 10 Sandwiches
Vorbereitung: 30 Minuten
Garzeit: 5 Minuten

20 kleine Rotbarben je etwa 60 g
3 EL grüne Olivenpaste (Tapenade)
3 EL geschlagene Sahne
1 Kugel Mozzarella
3 Tomaten
1 Bund Basilikum
Olivenöl

20 g Pinienkerne
Salz und Pfeffer
10 kleine Sandwichbrötchen
Balsamico-Karamell (siehe Seite 170)

KANAPEES MIT ROTBARBENFILETS,
MOZZARELLA UND TAPENADE

Die Rotbarben schuppen, die Filets auslösen und vollständig entgräten (oder bitten Sie Ihren Fischhändler, das für Sie zu erledigen).

Die Tapenade und die geschlagene Sahne verrühren und kalt stellen. Den Mozzarella in dünne Scheiben schneiden. Die Tomaten 10 Sekunden in kochendes Wasser tauchen, kalt abschrecken und häuten. Das Fruchtfleisch von den Samen befreien und in dünne Scheiben schneiden. Die Basilikumblätter abzupfen und mit drei Esslöffeln Olivenöl und den Pinienkernen im Mixer pürieren.

Die Rotbarbenfilets in einer Pfanne in Olivenöl braten und mit Salz und Pfeffer würzen.

Die Brötchen aufschneiden und leicht toasten. Die untere Hälfte mit etwas Tapenade bestreichen, mit dem Mozzarella und den Tomaten belegen und mit Salz und Pfeffer würzen. Das Basilikumpesto darüberträufeln, die Rotbarbenfilets darauf anrichten und mit ein paar Tropfen Balsamico-Karamell vollenden. Die Brötchendeckel auflegen und die Kanapees servieren.

TIPP Wenn Sie den Mozzarella für 10–15 Minuten in den Gefrierschrank legen, lässt er sich leichter in Scheiben schneiden.

Probieren Sie das Rezept auch einmal mit Sonnenblumenkernen statt Pinienkernen.

Eine Pinzette erleichtert das Entgräten der Rotbarbenfilets.

Fruchtiger Rotwein, serviert mit 12–14 °C: Vin-de-Savoie, Chignin Mondeuse, Vieilles Vignes 2006, André 6 Michel Quénard, Chignin

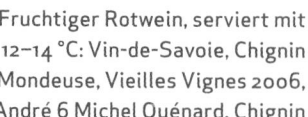

Für 10 Gläser
Vorbereitung: 30 Minuten
Garzeit: 45 Minuten

Steinpilz-Sticks
300 g Steinpilze
Olivenöl
Salz und Pfeffer
2 Eigelb
10 g Parmesan, frisch gerieben
2 EL Sahne
5 Frühlingsrollenblätter
Pflanzenöl zum Frittieren

Steinpilzsuppe
150 g Steinpilze
Olivenöl
2 Schalotten, in feine Streifen
geschnitten
500 ml heller Geflügelfond
(siehe Seite 170)
Salz und Pfeffer
60 g Butter
500 ml Sahne

Kastaniencreme
200 g gegarte Esskastanien
(Vakuumpack)
100 ml Sahne
1 TL Zucker

STEINPILZSUPPE MIT KASTANIENCREME UND STEINPILZ-STICKS

Die Steinpilz-Sticks zubereiten: Die Steinpilze putzen, zuerst in feine Scheiben, dann in feine Würfel (Brunoise) schneiden. Bei starker Hitze in Olivenöl sautieren, mit Salz und Pfeffer würzen und auf Küchenpapier abtropfen lassen. Die Hälfte der Pilzwürfel mit einem Eigelb, dem Parmesan und der Sahne vermengen und abkühlen lassen.

Die Frühlingsrollenblätter halbieren, auf jede Blatthälfte etwas erkaltete Steinpilzmischung in die Mitte geben und zu dünnen Stäbchen von der Form einer Zigarette aufrollen. Die Teigränder mit dem verquirlten zweiten Eigelb versiegeln. Die Steinpilzstäbchen in Pflanzenöl knusprig frittieren, abtropfen lassen und salzen.

Für die Suppe die Steinpilze putzen, in Stücke schneiden und in Olivenöl sautieren. Die Schalotten zugeben und noch 10 Minuten mitbraten, dann den Fond zugießen und alles 20 Minuten garen. Mit Salz und Pfeffer würzen, die Butter und die Sahne unterschlagen und die Suppe im Mixer pürieren. Durch ein Sieb passieren, die restlichen Steinpilzwürfelchen unterrühren und die Suppe warm stellen.

Die Esskastanien 10 Minuten in der Sahne kochen und den Zucker zugeben. Im Mixer pürieren und durch ein Sieb passieren. Die Kastaniencreme auf die Gläser verteilen, mit der heißen Steinpilzsuppe auffüllen und mit den knusprigen Steinpilz-Sticks garniert servieren.

TIPP Wenn Sie zuerst die Steinpilz-Sticks zubereiten, können Sie die Abschnitte für die Suppe verwenden. Machen Sie am besten gleich ein paar Sticks mehr, sie lassen sich im Rohzustand problemlos einfrieren und auch zum Garnieren anderer Zubereitungen im Glas (zum Beispiel für eine Kürbissuppe) verwenden.

Charaktervoller Rotwein,
serviert mit 16–18 °C: Saint-Émilion
Grand Cru classé 2002,
Château Troplong-Mondot,
Christine Valette, Saint-Émilion

Für 10 Gläser
Vorbereitung: 30 Minuten
Garzeit: 40 Minuten

1 rote Paprikaschote
1 grüne Paprikaschote
1 gelbe Paprikaschote
Olivenöl
2 Knoblauchzehen, in Scheiben
geschnitten
1 große Prise grobes Salz

1 EL schwarze Olivenpaste (Tapenade)
1 EL Balsamicoessig
200 g Rucola
Saft von ½ Zitrone
10 ganz frische Eier
Weißer Essig zum Pochieren der Eier
Fleur de Sel und Pfeffer

POCHIERTE EIER AUF PIPERADE
MIT OLIVENVINAIGRETTE

Den Ofen auf 180 °C vorheizen.

Die Paprikaschoten halbieren, die Stiele, Samen und Scheidewände entfernen, das Fruchtfleisch waschen. Die Schoten auf ein mit Backpapier ausgekleidetes Blech legen und mit Olivenöl beträufeln. Den Knoblauch und eine großzügige Prise grobes Salz darüberstreuen und die Paprika 30–40 Minuten im Ofen rösten, bis sich die Haut dunkel färbt und Blasen schlägt.

Inzwischen die Tapenade mit dem Balsamicoessig, 250 Milliliter Wasser und zwei Esslöffeln Olivenöl verrühren, bis die Mischung glatt ist. Den Rucola waschen und abtropfen lassen.

Die Paprikaschoten häuten und das Fruchtfleisch in Streifen schneiden. In jedes Glas etwas Tapenade-Vinaigrette füllen und die Paprikastreifen hineingeben. Den Rucola mit etwas Olivenöl und dem Zitronensaft anmachen und auf den Paprikastreifen anrichten.

In einem Topf reichlich Essigwasser zum Kochen bringen, die Eier vorsichtig hineinschlagen (eventuell portionsweise vorgehen) und, sobald sie an die Oberfläche steigen, 2 Minuten pochieren. Mit einem Schaumlöffel herausheben und in kaltem Wasser abschrecken. Je ein pochiertes Ei auf dem Rucola arrangieren, mit einer Prise Fleur de Sel und Pfeffer würzen und servieren.

TIPP Reichen Sie dazu mit Knoblauch eingeriebenes Toastbrot, das Sie in schmale Streifen zum Eintunken schneiden.

Soll die Präsentation optisch makellos sein, schneiden Sie vor dem Anrichten mit einer Küchenschere den fransigen Rand der pochierten Eier ab.

Charaktervoller Rotwein,
serviert mit 16–18 °C: Saumur-Champigny
Cuvée marginale 2005, Domaine des
Roches-Neuves, Thierry Germain, Varrains

Für 10 Gläser
Vorbereitung: 1 Stunde
Garzeit: 20 Minuten

2 Salatgurken
Salz und Pfeffer
150 g Joghurt
Saft von ½ Zitrone
1 Zweig Minze, in feine Streifen
geschnitten
2 EL Olivenöl

Schwertfisch-Millefeuille
200 g Schwertfischfilet
Salz und Pfeffer
Piment d'Espelette (ersatzweise
scharfes Paprikapulver)
6 Blätter Filoteig (oder türkische
Yufka-Blätter)
3 EL schwarze Olivenpaste (Tapenade)
3 Zucchini
2 EL Olivenöl
1 EL gehacktes Basilikum
20 g Parmesan, frisch gerieben

SCHWERTFISCH-MILLEFEUILLE MIT ZUCCHINI-KAVIAR, GURKEN UND JOGHURT-MINZE-SAUCE

Die Gurken schälen und in dicke Scheiben schneiden. Leicht salzen, 15 Minuten ziehen und dann abtropfen lassen. Inzwischen den Joghurt mit dem Zitronensaft, der Minze und dem Olivenöl verrühren, mit Salz und Pfeffer abschmecken und beiseitestellen.

Das Schwertfischfilet in dicke Scheiben schneiden und mit Salz, Pfeffer und Piment d'Espelette würzen. Die Scheiben in Frischhaltefolie wickeln, an den Enden verschnüren und in leicht siedendem Wasser etwa 2 Minuten pochieren. Kalt abschrecken.

Den Ofen auf 90 °C vorheizen. Mit einem Ausstechring aus dem Filoteig 30 Kreise von fünf Zentimeter Durchmesser ausschneiden. Mit einem Pinsel mit Tapenade bestreichen und im Ofen etwa 10 Minuten backen, bis sie knusprig sind.

Von den Zucchini rundherum eine etwa fünf Millimeter dicke Schicht abschälen und in kochendem Salzwasser garen. Kalt abschrecken, abtropfen lassen und dann hacken und mit dem Olivenöl, dem Basilikum und dem Parmesan vermengen. Eventuell mit etwas Wasser auf die gewünschte Konsistenz bringen und mit Salz und Pfeffer abschmecken.

Den pochierten Schwertfisch aus der Folie wickeln und in Scheiben schneiden. Abwechselnd mit dem Zucchinikaviar, den Crackern und den Gurkenscheiben in die Gläser schichten und mit der Joghurt-Minze-Sauce servieren.

TIPP Sie können die Cracker am Vortag zubereiten und bis zur Verwendung luftdicht verschlossen aufbewahren.

Die Sauce wird separat dazu gereicht, damit die Cracker nicht aufweichen.

Fruchtiger Rotwein, serviert
mit 12–14 °C: Saint-Amour Ondine
2006, La Condemine, Véronique,
Cécile & Pierre Janny, Péronne

Für 10 Gläser
Vorbereitung: 30 Minuten
Garzeit: 25 Minuten

Zucchinikaviar mit Minze
4 Zucchini
50 ml Olivenöl
1 Zweig Minze
Salz und Pfeffer

Tomatensuppe
4 reife Tomaten
1 Kartoffel
1 kleine weiße Zwiebel, in feine
Streifen geschnitten
1 Knoblauchzehe, gehackt
Olivenöl

1 EL Tomatenmark
1 Bouquet garni
Salz und Pfeffer

3 EL Tempura-Mix (Fertigmischung
aus dem Asialaden)
10 frische Sardinenfilets
Pflanzenöl zum Frittieren
Salz

TOMATENSUPPE, ZUCCHINIKAVIAR MIT MINZE, SARDINEN-TEMPURA

Von den Zucchini mit einem Gemüsemesser eine vier Millimeter dicke Schicht abschälen und in kochendem Salzwasser garen. Kalt abschrecken, abtropfen lassen und mit dem Olivenöl und der Minze im Mixer pürieren. Den Zucchinikaviar mit Salz und Pfeffer abschmecken und in die Gläser füllen.

Die Tomaten 10 Sekunden in kochendes Wasser tauchen, kalt abschrecken und häuten. Dann vierteln und von den Samen befreien. Die Kartoffel schälen und würfeln. Die Zwiebel und den Knoblauch in Olivenöl anschwitzen. Das Tomatenfruchtfleisch, das Tomatenmark, das Bouquet garni und die Kartoffel zugeben, alles mit Wasser bedecken und mit Salz und Pfeffer würzen. Bei schwacher Hitze etwa 20 Minuten garen, mit dem Stabmixer pürieren (zuvor das Bouquet garni entfernen) und durch ein Sieb passieren. Warm stellen.

Die Tempura-Teigmischung mit der nötigen Menge Wasser anrühren. Die Sardinenfilets der Länge nach halbieren, durch den Teig ziehen und im 150 °C heißen Öl knusprig ausbacken. Abtropfen lassen und salzen.

Die heiße Tomatensuppe vorsichtig auf die vorbereiteten Gläser verteilen, mit der Sardinen-Tempura garnieren und servieren.

TIPP Wählen Sie eine Minzesorte mit runden, gezahnten und flaumigen Blättern, die in der Küche besonders gut geeignet ist.

Bitten Sie Ihren Fischhändler, die Sardinen gleich zu filetieren, das spart Zeit und Energie.

Rosé, serviert mit 10 °C:
Bandol 2007, Château Pibarnon,
Éric de Saint-Victor,
La Cadière-d'Azur

SANDWICH MIT THUNFISCH-SARDELLEN-CREME UND KNACKIGEM GEMÜSE

Für 10 Sandwiches
Zubereitung: 30 Minuten
Einweichen: 5 Minuten

2 Chicorée • 2 Karotten • ½ Bund Radieschen • 4 Frühlingszwiebeln • 60 g Blumenkohlröschen • 125 g Ziegenfrischkäse (1 Rolle) • 5 g in Öl eingelegte Sardellen • 1 kleine Dose (100 g) Thunfisch im eigenen Saft • 50 ml Olivenöl • 200 ml Sahne • 200 ml Milch • ½ Paket Toastbrot • Salz • Gehackte Kräuter (Petersilie, Kerbel, Schnittlauch) • 10 Brötchen • Zitronensaft

Das Gemüse putzen, waschen und gegebenenfalls schälen. Die Chicoréeblätter ablösen, die Karotten, die Radieschen und die Blumenkohlröschen in dünne Scheiben, die Frühlingszwiebeln in Stücke schneiden.

Den Ziegenkäse mit den Sardellen, dem Thunfisch und einem Schuss Olivenöl im Mixer pürieren und 100 Milliliter Sahne unterrühren.

Die restliche Sahne mit der Milch vermengen und erhitzen. Vom Herd nehmen, das Toastbrot einlegen und 5 Minuten einweichen. Die Mischung unter die Käse-Thunfisch-Farce mengen, mit Salz abschmecken und die gehackten Kräuter unterziehen.

Die Brötchen aufschneiden und beide Hälften mit der Käse-Thunfisch-Creme bestreichen. Das Gemüse mit Salz, Olivenöl und Zitronensaft anmachen. Die Brötchen mit dem Gemüse reich garnieren, zusammenklappen und servieren.

TIPP Sie können die Sandwiches auch mit gehobeltem Parmesan und einem Schuss Balsamicoessig abrunden und optisch ansprechend ohne Brötchendeckel servieren.

CLUB-SANDWICH MIT THUNFISCH, → MOZZARELLA, KANDIERTEN TOMATEN UND BASILIKUM

Für 10 Sandwiches
Zubereitung: 30 Minuten
Kühlen: 2 Stunden

2 Blatt Gelatine • 8 Scheiben Toastbrot oder Kastenweißbrot • 1 Kugel Mozzarella • 200 g frisches Thunfischfilet aus dem Mittelstück • Olivenöl • Salz und Pfeffer • 2 EL Sahne • 1 EL Basilikumpüree (siehe Tipp) • 150 g Mayonnaise • 10 kandierte Tomatenblättchen (siehe Seite 171)

Die Gelatine in kaltem Wasser einweichen. Die Brotscheiben entrinden, den Mozzarella in dünne Scheiben schneiden. Das Thunfischfilet in fünf Millimeter dünne Scheiben schneiden und in der Pfanne nur kurz von beiden Seiten in Olivenöl braten – sie sollten nur halbdurch sein. Mit Salz und Pfeffer würzen.

Die Gelatine gut ausdrücken und in der leicht erwärmten Sahne auflösen. Die Mischung mit dem Basilikumpüree unter die Mayonnaise rühren.

Vier Brotscheiben auf ein Blech legen, mit Mayonnaise bestreichen und mit den kandierten Tomaten belegen. Weitere Mayonnaise auftragen, die gebratenen Thunfischscheiben darauf arrangieren und zuoberst mit Mozzarellascheiben zwischen zwei weiteren Schichten Mayonnaise abschließen. Mit den restlichen Brotscheiben bedecken, mit einem zweiten Blech oder Brett und einem Gewicht beschweren und 2 Stunden kalt stellen.

Die Sandwiches in Scheiben schneiden und servieren.

TIPP Das Basilikumpüree lässt sich ganz einfach selbst herstellen, indem Sie ein Bund Basilikum mit 150 Milliliter Olivenöl im Mixer pürieren.

Fruchtiger, mineralischer Weißwein,
serviert mit 8–10 °C:
Blanc Fumé de Pouilly 2004,
Domaine Didier Daguenau, Saint-Andelain

Für 10 Sandwiches
Vorbereitung: 1 Stunde
Garzeit: 15 Minuten
Ruhen: 45 Minuten

2 Karotten
50 ml Olivenöl
Salz und Pfeffer
3 Schalotten
500 ml Weißwein
100 ml Fischfond
1 Zweig Thymian
1 Lorbeerblatt
1 Prise Piment d'Espelette
(ersatzweise scharfes Paprikapulver)
Abgeriebene Schale von
½ unbehandelten Zitrone
20 Sardinen
10 Brötchen

Ziegenkäsecreme
50 ml Sahne
100 g Ziegenfrischkäse
1 Knoblauchzehe, gehackt
2 EL Olivenöl
Salz und Pfeffer
2 EL gemischte gehackte Kräuter
(Petersilie, Kerbel, Estragon)
20 g geröstete Pinienkerne, gehackt

Garnitur
50 g Rucola
20 kandierte Tomatenblättchen
(siehe Seite 171)
Geröstete Pinienkerne

SANDWICH MIT ZIEGENKÄSECREME
UND SARDINEN-ESCABÈCHE

Die Karotten schälen, schräg in dünne Scheiben schneiden und zugedeckt in leicht gesalzenem Wasser und dem Olivenöl bissfest garen.

Die Schalotten schälen, in gleichmäßige Ringe schneiden und in dem Weißwein garen, bis sämtliche Flüssigkeit verkocht ist. Den Fischfond, die gegarten Karotten, den Thymian, den Lorbeer, eine Prise Piment d'Espelette und die Zitronenschale mit in den Topf geben und alles gründlich durchmischen und erhitzen.

Die Sardinen filetieren (oder bitten Sie Ihren Fischhändler, das für Sie zu erledigen), in eine große Auflaufform legen und mit Salz und Pfeffer würzen. Mit der heißen Marinade (Escabèche) übergießen und 45 Minuten abkühlen lassen.

Inzwischen für die Ziegenkäsecreme die Sahne erhitzen, mit dem Ziegenfrischkäse, dem Knoblauch und dem Olivenöl vermengen, würzen und im Mixer pürieren. Die gehackten Kräuter und Pinienkerne untermischen.

Die Brötchen aufschneiden und leicht toasten. Die unteren Hälften mit der Ziegenkäsecreme bestreichen und mit den marinierten Sardinenfilets, einigen Karottenscheiben und Zwiebelringen belegen und mit dem Rucola, den Tomatenblättchen und Pinienkernen garnieren. Die Deckelhälften auflegen und servieren.

TIPP Geben Sie einige Kreuzkümmelsamen in die Escabèche – und schon hat die Marinade eine interessante Geschmacksvariante.

Fruchtiger, mineralischer Weißwein, serviert mit 8–10 °C: Coteaux-du-Languedoc, Picpoul de Pinet 2006, Les Peyrilles, Gilles & Lisbeth Pourcel, Florensac

Für 10 Sandwiches
Vorbereitung: 30 Minuten
Garzeit: 15 Minuten
Marinieren: 1 Stunde

3 Hähnchenbrustfilets
1 EL Sesamöl
1 EL Sojasauce
1 EL Fischsauce (Nuoc mam; aus
dem Asialaden)
1 Knoblauchzehe, gehackt
½ Bund Koriandergrün, gehackt
½ rote Chilischote, gehackt
1 Karotte
1 Stange Lauch

Erdnussöl
1 EL Reisessig (Mirin; aus dem
Asialaden)
Salz
100 g Shiitakepilze
Olivenöl zum Braten
10 Brötchen
Abgeriebene Schale von ½ unbehandelten Limette

THAI-SANDWICH MIT GEBRATENEM HÄHNCHEN UND KNACKIGEM GEMÜSE

Die Hähnchenbrustfilets häuten und quer halbieren. In einer Schüssel mit dem Sesamöl, der Sojasauce, der Fischsauce, dem Knoblauch, der Hälfte des Koriandergrüns und dem Chili vermengen und 1 Stunde im Kühlschrank marinieren.

Die Karotte schälen, den Lauch putzen und beides in feine Streifen (Julienne) schneiden. Das restliche Koriandergrün untermengen und das Gemüse mit Erdnussöl, Reisessig und Salz würzen.

Die Shiitakepilze putzen, in Scheiben schneiden und in der Pfanne in etwas Olivenöl rasch sautieren. Die Hähnchenmarinade zugießen und kurz aufkochen.

Die abgetropften Hähnchenbrustfilets in einer zweiten Pfanne in Olivenöl braten, bis sie gerade durch sind. Das Fleisch schräg in dünne Scheiben schneiden.

Die Brötchen aufschneiden, die untere Hälfte mit den Pilzen und den Hähnchenbrustscheiben belegen und mit Limettenschale bestreuen. Mit den Gemüsejulienne garnieren, mit der zweiten Brötchenhälfte bedecken und servieren.

TIPP Getrocknete Shiitakepilze müssen vor dem Sautieren 20 Minuten in warmem Wasser eingeweicht werden.

Kräftiger Weißwein von guter Struktur;
serviert mit 10–12 °C: Châteauneuf-du-Pape,
Vieilles Vignes 2002, Château de Beaucastel,
Jean Pierre & François Perrin, Courthézon

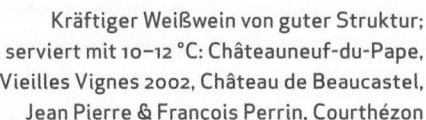

Für 10 Sandwiches
Vorbereitung: 40 Minuten
Garzeit: 1 Stunde 40 Minuten

3 Entenbrustfilets
Erdnussöl
2 Zweige Rosmarin
2 EL flüssiger Honig
Salz und Pfeffer
60 g junger Blattspinat

Auberginenpaste
6 Auberginen
Olivenöl
100 g Champignons
2 Scheiben roher Schinken

2 Schalotten, in feine Streifen
geschnitten
100 ml Sahne
Salz und Pfeffer
30 g Parmesan, frisch gerieben

Pilzragout
150 g gemischte Wildpilze (Pfifferlinge, Totentrompeten, Steinpilze –
je nach Saison)
Olivenöl
Salz und Pfeffer
1 EL Sherryessig

SANDWICH MIT GLASIERTER ENTENBRUST UND AUBERGINENPASTE

Den Ofen auf 180 °C vorheizen. Die Entenbrustfilets in Erdnussöl rundherum scharf anbraten. Den Rosmarin einlegen und den Honig über das
Fleisch träufeln. Die Pfanne in den Ofen schieben, die Temperatur auf
170 °C reduzieren und die Brustfilets in etwa 10 Minuten fertigstellen.

Inzwischen die Auberginen längs halbieren und das Fruchtfleisch mehr-
fach einritzen. Die Hälften mit der Schale nach unten auf ein Blech
legen, mit Olivenöl beträufeln und salzen. Mit Alufolie zudecken und
im 150 °C heißen Ofen etwa 1 Stunde garen. Etwas abkühlen lassen
und das Auberginenfleisch herauslösen.

Die Champignons putzen und in kleine Würfel schneiden; den Schinken
ebenfalls fein würfeln. Champignons, Schinken und die Schalotten in
Olivenöl anschwitzen, die Sahne zugießen und das Auberginenfleisch
untermengen. Die Mischung 15 Minuten behutsam garen, bis sie
eingedickt ist. Mit Salz und Pfeffer abschmecken und den Parmesan
unterrühren.

Die Wildpilze putzen, waschen und bei starker Hitze in Olivenöl braten.
Mit Salz, Pfeffer und dem Sherryessig würzen.

Die Entenbrustfilets quer in dünne Scheiben schneiden und würzen. Die
Brötchen halbieren. Die untere Hälfte mit der Auberginenpaste bestreichen und mit den Entenbrustscheiben belegen. Mit dem Pilzragout
und dem Spinat garnieren, die Deckelhälften auflegen und servieren.

TIPP Bei diesem Rezept kommt
es darauf an, dass Sie die Auberginenpaste ausreichend eindicken lassen. Ist sie zu feucht,
weichen die Brötchen durch.

Kräftiger Weißwein von guter Struktur;
serviert mit 10–12 °C: Châteauneuf-du-Pape,
Vieilles Vignes 2002, Château de Beaucastel,
Jean-Pierre & François Perrin, Courthézon

Für 10 Gläser
Vorbereitung: 40 Minuten
Garzeit: 30 Minuten
Gefrieren: 12 Stunden
Kühlen: 1 Stunde

Granité
5 Blutorangen
150 ml Mineralwasser mit Kohlensäure
50 g Zuckersirup (50 g Zucker mit etwa
1 EL Wasser verkochen)

Sorbet
240 g Zucker
65 g Glukose (aus dem Reformhaus)
600 ml Apfelsaft
1 Spritzer Zitronensaft
1 Bund Basilikum
2 EL Olivenöl

Tomatengelee
3 Blatt Gelatine
800 g frische passierte Tomaten
3 EL Olivenöl, plus Öl zum Beträufeln
150 g Zucker
1 TL Sichuanpfeffer

TOMATENGELEE MIT SICHUANPFEFFER, BLUTORANGEN-GRANITÉ UND APFEL-BASILIKUM-SORBET

Am Vortag die Granité zubereiten: Die Blutorangen auspressen, den Saft durch ein Sieb gießen und mit dem Mineralwasser und dem Zuckersirup vermengen. Im Tiefkühlschrank 12 Stunden gefrieren und zwischendurch mit einer Gabel regelmäßig durcharbeiten, damit sich möglichst feine Eiskristalle bilden.

Am nächsten Tag das Sorbet zubereiten: Den Zucker, die Glukose und 100 Milliliter Wasser erhitzen, bis sich der Zucker aufgelöst hat. Den Apfelsaft und den Zitronensaft unterrühren. Die Basilikumblätter abzupfen (zehn Blätter zum Garnieren zurücklegen), kurz waschen und im Mixer mit zwei Esslöffeln Olivenöl und 80 Milliliter Wasser pürieren. Das Püree unter die Sorbetmischung mengen und sofort in der Eismaschine gefrieren.

Für das Tomatengelee die Gelatine in kaltem Wasser einweichen. Das Tomatenpüree in einem Topf mit dem Olivenöl, dem Zucker und dem Sichuanpfeffer vermengen und um ein Drittel einkochen. Die gut ausgedrückte Gelatine unterrühren und die Masse durch ein Sieb passieren. Das Gelee in Gläser füllen und 1 Stunde im Kühlschrank fest werden lassen.

Zum Servieren die Blutorangen-Granité über das Tomatengelee häufen und eine Kugel Apfel-Basilikum-Sorbet daraufsetzen. Mit Olivenöl beträufeln und mit einem Basilikumblättchen dekoriert servieren.

TIPP Basilikum oxidiert beim Kontakt mit Sauerstoff und färbt sich schnell braun, sollte also möglichst rasch verarbeitet werden. Auch bei dem Apfelsorbet empfiehlt sich zügiges Arbeiten, damit die leuchtend grüne Farbe erhalten bleibt.

Fruchtiger Rotwein, serviert mit 12–14 °C: Vin-de-Savoie, Chignin Mondeuse, Vieilles Vignes 2006, André & Michel Quénard, Chignin

GURKEN-GAZPACHO
MIT SHERRYESSIG UND KRÄUTER-RICOTTA

Für 10 Gläser
Zubereitung: 30 Minuten
Garzeit: 5 Minuten

Gurken-Gazpacho
3 Salatgurken • 300 ml Olivenöl, plus Olivenöl zum Servieren • 50 ml Sherryessig • Grüne Tabascosauce • Salz und weißer Pfeffer aus der Mühle • Eiswürfel

Kräuter-Ricotta
1 Schalotte • 100 ml trockener Weißwein • 250 g Ricotta • 50 ml Sahne • ½ Bund Kerbel, gehackt, plus Kerbel zum Garnieren • 1 Bund Schnittlauch, in Röllchen geschnitten • 1 Zweig Estragon, gehackt • Salz und Pfeffer

Die Gurken schälen und das weiche Innere mitsamt den Samen herausschaben. Das Fruchtfleisch würfeln und mit dem Olivenöl, dem Sherryessig, einem Spritzer Tabascosauce, Salz, Pfeffer und einigen Eiswürfeln im Mixer pürieren. Kalt stellen.

Die Schalotte in feine Streifen schneiden und in dem Weißwein garen, bis sämtliche Flüssigkeit verkocht ist. Den Ricotta mit der Sahne verrühren, die gegarte Schalotte und die gehackten Kräuter untermengen und mit Salz und Pfeffer abschmecken.

Den Kräuter-Ricotta auf die Gläser verteilen und mit dem Gazpacho auffüllen. Etwas Olivenöl darüberträufeln und mit Kerbelzweigen dekorieren. Mit etwas Pfeffer aus der Mühle vollenden und servieren.

TIPP Dieser Gazpacho wird bekömmlicher, wenn Sie die Gurkenwürfel zuvor 1 Stunde in Salz, vermischt mit einem Teelöffel Natron, ziehen lassen und anschließend gut ausdrücken.

SANDWICH MIT MEDITERRANEM →
GEMÜSE, GERÖSTETEM SCHINKEN UND PARMESAN

Für 10 Sandwiches
Vorbereitung: 25 Minuten
Garzeit: 10 Minuten
Marinieren: 3 Stunden

8 große Champignons • 2 Tomaten • 10 ganz kleine Zucchini • 1 rote Paprikaschote • 1 Aubergine • 100 ml Olivenöl • Salz und Pfeffer • 1 EL Balsamicoessig • 100 g roher Schinken, in dünne Scheiben geschnitten • 10 Brötchen oder 1 Baguette, in 10 Stücke geschnitten • 60 g Parmesan, gehobelt

Sämtliches Gemüse putzen und waschen. Die Champignons in dünne Scheiben schneiden, die Tomaten vierteln. Die Zucchini und die Aubergine in gleichmäßige Scheiben schneiden, die Paprikaschote von Strunk, Samen und Scheidewänden befreien und in Ringe schneiden. Sämtliches Gemüse in einer Pfanne in Olivenöl schmoren und mit Salz und Pfeffer würzen. Zum Abkühlen auf ein Blech geben, mit Olivenöl und dem Balsamicoessig beträufeln und 2 Stunden durchziehen lassen.

Den Schinken ohne Zugabe von Fett rasch in einer Pfanne braten und auf Küchenpapier abtropfen lassen.

Die Brötchen oder Baguettestücke quer durchschneiden und die unteren Hälften mit dem Gemüse, dem Schinken und dem gehobelten Parmesan belegen. Die Deckelhälften aufsetzen und servieren.

Rosé, serviert mit 10 °C: Bandol 2007,
Château Pibarnon, Éric de Saint-Victor,
La Cadière-d'Azur.

SPARGELCREME AUF TRÜFFEL-GELEE MIT POCHIERTEM EIGELB UND SCHAUMBUTTER

Für 10 Gläser
Vorbereitung: 45 Minuten
Garzeit: 30 Minuten
Ziehen: 30 Minuten
Kühlen: 2 Stunden

50 g schwarze Trüffeln • 250 ml Rinderkraftbrühe •
1 Blatt Gelatine • 15 Stangen grüner Spargel • 300 ml
reduzierte Sahne (450 ml um ein Drittel reduziert) •
Salz und Pfeffer • 250 ml Vollmilch • 100 g kalte Butter,
in kleine Würfel zerteilt • 10 Eigelb • Pflanzenöl

Die Trüffeln 30 Minuten in der heißen Rinderkraftbrühe ziehen lassen, die Brühe jedoch nicht einkochen. Die Gelatine in kaltem Wasser einweichen. Die
Kraftbrühe durch ein Sieb gießen und die gut ausgedrückte Gelatine darin auflösen. In Gläser füllen und
an einem kalten Ort fest werden lassen. Die Trüffeln
fein hacken.

Das untere Drittel der Spargelstangen schälen und
die holzigen Enden kappen. Die Stangen in kochendem
Salzwasser garen und in Eiswasser kalt abschrecken.
Abtropfen lassen, im Mixer pürieren und 100 Milliliter der reduzierten Sahne unterrühren. Die Spargelcreme durch ein Sieb passieren, mit Salz und Pfeffer
abschmecken und abkühlen lassen. Über die gelierte
Brühe in die Gläser füllen.

Die Milch auf die Hälfte einkochen und die restliche
reduzierte Sahne unterrühren. Nach und nach die
Butterwürfel unterschlagen und die Mischung kurz
vor dem Servieren mit dem Stabmixer aufschäumen.

Die Eigelbe in 65 °C heißem Pflanzenöl mindestens
15 Minuten pochieren. Je ein pochiertes Eigelb in
die Spargelcreme setzen und mit Schaumbutter
überziehen. Mit den gehackten Trüffeln bestreuen
und servieren.

TIPP Halten Sie den Stabmixer beim Aufschäumen
leicht geneigt (etwa im 45-Grad-Winkel), so wird der
Schaum besonders luftig und locker.

KAVIAR MIT WODKA-GRANITÉ → UND BUCHWEIZENSCHAUM

Für 10 Gläser
Vorbereitung: 30 Minuten
Back- und Garzeit: 50 Minuten
Ruhen: 1 Stunde 30 Minuten
Gefrieren: 12 Stunde

Wodka-Granité
125 g Zucker • 300 ml Wodka

15 g frische Hefe • 125 g Buchweizenmehl • 350 g Weizenmehl • 5 g Salz • 1 Prise Zucker • 50 g Duftreis •
250 ml Vollmilch • 30 g russischer Beluga-Kaviar

Für die Wodka-Granité aus 500 Milliliter Wasser und
dem Zucker einen Sirup kochen. Den Wodka unterrühren, die Mischung in eine flache Schale gießen und
12 Stunden einfrieren. Die Granité zwischendurch
regelmäßig mit einer Gabel durcharbeiten, damit sich
möglichst kleine Eiskristalle bilden.

Den Ofen auf höchster Stufe vorheizen.

Die Hefe in 300 Milliliter lauwarmem Wasser auflösen.
Beide Mehle, das Salz und den Zucker zugeben, die
Zutaten zu einem homogenen Teig verkneten und
1 Stunde gehen lassen.

Den Teig nochmals durchkneten und zu einem runden
Brot formen. Auf ein Blech legen, weitere 30 Minuten
gehen lassen und anschließend im Ofen in 30 Minuten
goldbraun backen.

Den Reis in 300 Milliliter Wasser 20 Minuten garen.
Die Garflüssigkeit mit zwei Scheiben (etwa 60 Gramm)
des Buchweizenbrots und der Milch vermengen und
die Mischung mit dem Stabmixer pürieren.

Den Kaviar auf die Gläser verteilen, die Wodka-Granité
darübergeben und mit einem Häubchen Buchweizen-
schaum krönen.

TIPP Bereiten Sie die Granité und das Buchweizenbrot
am Vortag zu. Falls Ihnen das Brot zu viel Mühe macht,
können Sie stattdessen auch zu gekauften Buchweizen-
Crackern (50 Gramm) greifen, die Sie in 250 Milliliter
Vollmilch einweichen und dann einfach mit dem Stabmixer pürieren.

Fruchtiger, mineralischer Weißwein, serviert mit
8–10 °C: Coteaux-du-Languedoc, Picpoul de Pinet 2006,
Les Peyrilles, Gilles & Lisbeth Pourcel, Florensac

Wodka

Für 10 Schnittchen
Vorbereitung: 1 Stunde
Garzeit: 50 Minuten

30 dünne Stangen grüner Spargel
200 g Hokkaidokürbis
125 g Butter
1 l Sahne
500 ml Olivenöl
10 Eigelb
10 Scheiben Bauernbrot
200 g alter Comté

50 g Bellota-Schinken (spanischer
Schinken vom iberischen Schwein)
100 g Erdnusscreme
25 ml heller Geflügelfond
(siehe Seite 170)

RÖSTBROT MIT BELLOTA-SCHINKEN, SPARGEL UND ERDNUSSCREME, EIGELB MIT KÜRBISSCHAUM

Die Spargelstangen schälen und vom holzigen Ende befreien, in kochendem Salzwasser 14 Minuten garen und kalt abschrecken.

Den Kürbis entkernen, mit der Schale in Stücke schneiden und in kochendem Salzwasser bissfest garen. Den Kürbis abtropfen lassen und in 25 Gramm der Butter anschwitzen. Die Sahne zugießen und 15 Minuten leise köcheln lassen. Die Mischung im Mixer pürieren, durch ein Sieb passieren und in einen Siphon, bestückt mit einer Gaskartusche, füllen. Im heißen Wasserbad warm stellen.

Das Olivenöl in einem Topf auf 65 °C erhitzen, die Eigelbe einzeln nacheinander hineingeben und mindestens 15 Minuten garen.

Inzwischen die mit der restlichen Butter bestrichenen Bauernbrotscheiben im Ofen rösten oder toasten. Den Comté und den Schinken in feine Scheiben schneiden. Die Erdnusscreme mit dem Fond geschmeidig rühren und die abgetropften Spargelstangen mit der Mischung einpinseln.

Das getoastete Brot mit dem Spargel, dem Schinken und dem Käse belegen. Die pochierten Eigelbe in Gläsern anrichten, mit einem Häubchen Kürbisschaum aus dem Siphon garnieren und zu den Schnittchen servieren.

TIPP In 65 °C heißem Öl gegarte Eigelbe sind von einzigartiger Konsistenz, allerdings erfordert die Zubereitung etwas Fingerspitzengefühl. Alternativ können Sie die Eigelbe auch 1–2 Minuten in Wasser pochieren.

Charaktervoller Rotwein, serviert
mit 16–18 °C: Nuits-Saint-Georges
La Charmotte 2005, Domaine Thibault
Liger-Belair, Nuits-Saint-Georges

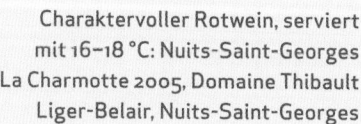

Für 10 Gläser
Vorbereitung: 20 Minuten
Garzeit: 45 Minuten

10 Eigelbe
500 ml Olivenöl
100 g Kresse

Spinat-Millefeuille
200 g Spinat
100 g Mehl
100 g Butter, zerlassen
3 Eiweiß

1 Bund glatte Petersilie
1 Bund Estragon
1 Bund Kerbel
250 ml Sahne
1 g Agar-Agar
Salz und Pfeffer

Schnecken-Persillade
50 g Butter
1 Knoblauchzehe, durchgepresst
Salz und Pfeffer
30 große gegarte Weinbergschnecken, ausgelöst
50 g gehackte Kräuter (Petersilie, Kerbel)

SPINAT-MILLEFEUILLE MIT KRESSE, SCHNECKEN-PERSILLADE UND IN ÖL POCHIERTEM EIGELB

Den Ofen auf 150 °C vorheizen.

Den Spinat 2 Minuten in kochendem Salzwasser blanchieren und in Eiswasser kalt abschrecken. Abtropfen lassen, sorgfältig ausdrücken und im Mixer pürieren. Das Püree durch ein Sieb streichen.

In einem Schneekessel oder einer anderen geeigneten Schüssel das Mehl, die zerlassene Butter, die Eiweiße und das Spinatpüree gründlich verrühren. Ein Blech mit Backpapier auslegen, die Masse in kleinen Kreisen auftragen und 10 Minuten im Ofen backen.

Die Petersilie, den Estragon und den Kerbel kurz in kochendem Wasser blanchieren, kalt abschrecken und abtropfen lassen. Die Sahne um ein Drittel einkochen, das Agar-Agar und die Kräuter zugeben und mit Salz und Pfeffer würzen. Die Mischung ganz fein pürieren, durch ein Sieb passieren und in einen Siphon, bestückt mit zwei Gaskartuschen, füllen.

Das Olivenöl in einem Topf auf 65 °C erhitzen. Die Eigelbe im Ganzen einzeln hineingeben und 15 Minuten garen.

Inzwischen die Schnecken-Persillade zubereiten: Die Butter mit dem Knoblauch aufschäumen und mit Salz und Pfeffer würzen. Die Schnecken und die gehackten Kräuter zugeben und kurz durchschwenken.

In jedes Glas ein Spinatplätzchen geben und mit etwas Kräuterschaum aus dem Siphon bedecken. Nacheinander die Schnecken, die Kresse und ein pochiertes Eigelb darüberschichten und servieren.

TIPP Sie können die Spinatplätzchen am Vortag zubereiten und bis zur Verwendung luftdicht verschlossen aufbewahren.

Fruchtiger, mineralischer Weißwein, serviert mit 8–10 °C: Chablis Vieilles Vignes 2003, Domaine Jean-Marc Brocard, Chablis

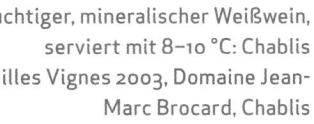

Für 10 Gläser
Vorbereitung: 50 Minuten
Garzeit: 1½ Stunden

Enten-Confit	Kartoffelpüree
4 Entenkeulen	400 g Kartoffeln
2 Schalotten, in feine Scheiben geschnitten	200 ml Milch
Olivenöl	200 ml Sahne
100 ml Entenjus (siehe Seite 171)	100 g Butter, zerlassen
40 g gehackte Haselnusskerne, geröstet	5 g Salz
	10 g Zucker
6 kandierte Tomatenblättchen (siehe Seite 171), gehackt	1 TL pürierte Trüffeln
1 EL gehackte Petersilie	**Rührei**
40 g Butter	8 Eier
Salz und Pfeffer	Salz und Pfeffer
1 TL Haselnussöl	20 g Butter
	100 ml Sahne

ENTEN-CONFIT MIT HASELNÜSSEN, RÜHREI UND KARTOFFELSCHAUM

Die Entenkeulen von der Haut befreien, auslösen und in Stücke schneiden. Die Schalotten in etwas Olivenöl anschwitzen, das Fleisch und die Entenjus zugeben und bei schwacher Hitze 1½ Stunden behutsam schmoren. Die gerösteten Haselnüsse, die gehackten Tomatenblättchen, die Petersilie und die Butter unterrühren und mit Salz und Pfeffer würzen. Das Haselnussöl untermengen und warm stellen.

Wenn das Fleisch schon 45 Minuten schmort, die geschälten Kartoffeln in leicht gesalzenem Wasser garen. Abtropfen lassen und durch die Kartoffelpresse drücken. Die Milch, die Sahne und die zerlassene Butter unterrühren und mit Salz, Zucker und dem Trüffelpüree würzen. Die Mischung durch ein Sieb passieren. Eventuell mit weiterer Milch etwas verdünnen – der Kartoffelschaum sollte dick, aber noch fließfähig sein. In einen Shaker füllen und warm stellen.

Sobald das Enten-Confit fertig ist, die Eier mit einer Gabel leicht verschlagen und mit Salz und Pfeffer würzen. Die Butter bei schwacher Hitze zerlassen, die Eier hineingießen und unter ständigem Rühren langsam garen, bis sie nur eben gestockt, aber noch cremig sind. Vom Herd nehmen und die Sahne unterrühren, um den Garprozess zu stoppen.

Etwas Enten-Confit in die Gläser geben und das Rührei darüberlöffeln. Den Kartoffelschaum im Shaker kräftig schütteln, ein kleines Häubchen auf das Ei setzen und servieren.

TIPP Statt im Glas können Sie diese Zubereitung auch in leeren Eierschalen anrichten.

Charaktervoller Rotwein,
serviert mit 16–18 °C:
Faugères Jadis 2002,
Domaine Léon Barral, Didier
Barral, Cabrerolles

SANDWICH MIT ZWEIERLEI THUNFISCH, COMTÉ UND RUCOLA

Für 10 Sandwiches
Vorbereitung: 30 Minuten
Marinieren: 15 Minuten

500 g frisches Thunfischfilet • Saft von ½ Zitrone •
Olivenöl • Salz und Pfeffer • 200 g Brousse de Brebis
(milder, ungesalzener Schafsfrischkäse) • 1 EL Sherryessig • 1 EL Tomatenmark • 50 ml Sahne • 60 g Rucola •
10 Sandwichbrötchen • 20 Basilikumblätter • 100 g
Comté, gehobelt

Die Hälfte des Thunfischfilets in dünne Scheiben
schneiden, auf einen Teller legen und mit dem
Zitronensaft und etwas Olivenöl beträufeln. Mit Salz
und Pfeffer würzen und 15 Minuten im Kühlschrank
marinieren.

Den restlichen Thunfisch in einer Pfanne in Olivenöl
braten. Abkühlen lassen, grob zerkleinern und mit
dem Schafsfrischkäse, dem Sherryessig, dem Tomatenmark, der Sahne und etwas Olivenöl im Mixer
pürieren. Die Thunfischcreme mit Salz und Pfeffer
abschmecken. Den Rucola putzen, waschen und
abtropfen lassen.

Die Brötchen aufschneiden und beide Hälften mit
der Thunfischcreme bestreichen. Die untere Hälfte
nacheinander mit dem marinierten Thunfisch, je
zwei Basilikumblättern, dem Comté und einigen
Rucolablättern belegen und mit weiterem Olivenöl
beträufeln. Den Brötchendeckel auflegen und die
Sandwiches servieren.

TIPP Verwenden Sie zum Schneiden des Comté einen
Gemüsehobel.

LAUWARME AUSTERN IN →
ENTENSTOPFLEBER, ZUCCHINIKAVIAR
MIT MINZE, SESAMSAUCE

Für 10 Löffel
Vorbereitung: 45 Minuten
Garzeit: 15 Minuten

10 frische Austern • 100 g ganz frische Entenstopfleber *(foie gras de canard)* • 3 Zucchini • 1 Zweig
Minze, in feine Streifen geschnitten • 50 ml Olivenöl •
2 EL Honig • Saft von 1 Zitrone • 2 EL Sojasauce •
1 EL Fischsauce (Nuoc mam) • 2 EL Sesamöl • 1 EL
gerösteter Sesam

Die Austern öffnen, in ihrem eigenen Saft 10 Sekunden
pochieren und auf Küchenpapier abtropfen lassen.
Die Stopfleber wie für ein Carpaccio in zehn dünne
Scheiben schneiden. Die Austern darin einrollen und
kalt stellen.

Von den Zucchini rundherum fünf Millimeter dicke
Streifen abschälen, in kochendem Salzwasser garen
und kalt abschrecken. Fein hacken und mit der Minze
und dem Olivenöl gründlich vermengen.

Den Honig mit dem Zitronensaft verrühren und zum
Kochen bringen. Die Sojasauce, die Fischsauce und
das Sesamöl zugeben und zuletzt die Sesamsamen
unterrühren.

Die mit Austern gefüllte Stopfleber im 60 °C warmen
Ofen erwärmen. Auf jeden Glaslöffel etwas Zucchini-
kaviar geben und mit Sesamsauce umgießen. Die
Austern mit der Stopfleber darauf anrichten, nach
Belieben mit etwas Sesam bestreuen, und servieren.

TIPP Die Stopfleber lässt sich leichter in feine
Scheiben schneiden, wenn Sie die Messerklinge vor
jedem Schnitt in heißes Wasser tauchen.

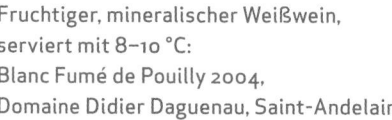

Fruchtiger, mineralischer Weißwein,
serviert mit 8–10 °C:
Blanc Fumé de Pouilly 2004,
Domaine Didier Daguenau, Saint-Andelain

Für 10 Gläser
Vorbereitung: 50 Minuten
Garzeit: 3 Stunden
Kühlen: 12 Stunden

500 g Lammfleisch aus der Schulter
1 EL Honig
Gemahlener Kreuzkümmel
Olivenöl
1 Zwiebel, in feine Streifen geschnitten
1 Karotte, gewürfelt
120 ml Weißwein
100 ml Lammjus
Salz und weißer Pfeffer
60 g Rosinen
1 Tomate, gewürfelt
5 getrocknete Aprikosen
Saft von 1 Zitrone

Zitronen-Confit
5 unbehandelte Zitronen
200 g Zucker
3 Blatt Gelatine

Feigentatar
30 g ganze Mandelkerne
10 frische Feigen
Olivenöl
1 Bund Schnittlauch, in Röllchen geschnitten
Salz und Pfeffer

LAMMRAGOUT UND FRISCHES FEIGENTATAR MIT ZITRONEN-CONFIT UND ZITRONENGELEE

Am Vortag das Lammfleisch grob in Würfel schneiden und mit dem Honig einreiben. Mit Kreuzkümmel würzen, mit Olivenöl beträufeln und 12 Stunden an einem kühlen Ort marinieren.

Für das Zitronen-Confit die Zitronen gründlich waschen und in feine Scheiben schneiden. Mit dem Zucker in einen Topf geben und mit Wasser bedecken. Zum Kochen bringen und bei schwacher Hitze etwa 2 Stunden garen, bis der Saft sirupartig eingedickt ist und die Zitronen glasig sind. Abkühlen lassen und kalt stellen.

Die Gelatine in Eiswasser einweichen. Den Zitronensirup durch ein Sieb in eine Schüssel gießen und nach Belieben mit etwas Wasser verdünnen – er sollte nicht zu süß schmecken und noch eine deutlich bittere Note haben. 500 Milliliter Sirup abmessen, erhitzen und die gut ausgedrückte Gelatine darin auflösen. Das flüssige Gelee durch ein Sieb gießen und mindestens 12 Stunden kalt stellen. Die kandierten Zitronenscheiben ebenfalls kalt stellen.

Am nächsten Tag das marinierte Lammfleisch in Olivenöl anbraten. Die Zwiebel und die Karotte zugeben und kurz Farbe nehmen lassen. Mit dem Wein ablöschen und diesen vollkommen verkochen lassen. Die Lammjus zugießen und das Fleisch vollständig mit Wasser bedecken. Würzen und bei ganz schwacher Hitze garen, bis fast sämtliche Flüssigkeit verkocht ist. Die Rosinen, die Tomate und die Aprikosen untermengen und alles schmoren, bis das Fleisch förmlich zerfällt. Den Zitronensaft unterrühren und abkühlen lassen.

Für das Tatar die Mandeln grob hacken, die ungeschälten Feigen grob würfeln und beides vermengen. Etwas Olivenöl, 80 Gramm der gehackten kandierten Zitronenscheiben und den Schnittlauch untermengen und mit Salz und Pfeffer abschmecken.

Das Feigentatar in den Gläsern anrichten und das gewürfelte Zitronengelee daraufgeben. Das kalt zerpflückte Lammragout darüberschichten und servieren.

TIPP Ein Rezept, das sich zum Großteil am Vortag zubereiten lässt; und wenn Sie zu fertigem Zitronengelee aus dem Feinkosthandel greifen, können Sie die Arbeitszeit noch ein wenig abkürzen.

Kräftiger Weißwein von guter Struktur, serviert mit 10–12 °C: Côtes-du-Jura, La Poirière 2001, Domaine Voorhuis-Henquet, Jean Voorhuis, Conliège

Für 10 Sandwiches
Vorbereitung: 30 Minuten
Garzeit: 1 Stunde
Marinieren: 20 Minuten

4 ganz frische Makrelen von je
etwa 400 g
Salz und Sichuanpfeffer
Piment d'Espelette (ersatzweise
scharfes Paprikapulver)
2 EL Olivenöl
Saft von ½ Zitrone
Abgeriebene Schale von
1 unbehandelten Limette
10 Sandwichbrötchen
Parmesan, gehobelt
Rucola

Zwiebel-Zitronen-Rillette
6 Zwiebeln
50 ml Olivenöl
1 EL Zucker
2 eingelegte Sardellenfilets
Salz und Pfeffer
2 Zitronen
3 EL gemischte gehackte Kräuter
(Petersilie, Basilikum, Kerbel)
1 EL Sherryessig

MAKRELENSANDWICH MIT ZWIEBEL-ZITRONEN-RILLETTE

Die Makrelen filetieren (oder bitten Sie Ihren Fischhändler, das für Sie zu erledigen), vollständig entgräten und in gleichmäßige Streifen schneiden. Auf eine große Platte legen, mit Salz, Sichuanpfeffer, Piment d'Espelette, dem Olivenöl, dem Zitronensaft und der Limettenschale würzen und 20 Minuten im Kühlschrank marinieren.

Inzwischen die Zwiebeln für die Rillette schälen und in dünne Streifen schneiden. In dem Olivenöl anschwitzen, den Zucker und die Sardellen zugeben, mit Salz und Pfeffer würzen und 1 Stunde sanft schmoren.

Die Zitronen mitsamt dem weißen Inneren sauber abschälen, die Fruchtfilets auslösen und in kleine Würfel schneiden. Die Zwiebeln, die Zitronenwürfel, die gehackten Kräuter und die Hälfte der marinierten Makrelenstreifen vermengen, den Sherryessig untermischen und mit Salz und Pfeffer abschmecken.

Die Brötchen aufschneiden, leicht toasten und die untere Hälfte mit der Zwiebel-Zitronen-Rillette belegen. Die restlichen Makrelenstreifen darauf anrichten und mit Parmesanhobeln und einigen Rucolablättern garnieren. Die Deckelhälften auflegen und die Sandwiches servieren.

TIPP Die Makrelen sollten fangfrisch sein, denn kaum ein Fisch verzeiht mangelnde Frische so wenig wie Makrelen, auch wenn sie hier in einer Marinade gewissermaßen gegart werden.

Die feinen Stehgräten lassen sich am besten mit einer Pinzette aus den Filets herausziehen.

Fruchtiger, mineralischer Weißwein, serviert mit 8–10 °C: Coteaux-du-Languedoc, Picpoul de Pinet 2006, Les Peyrilles, Gilles & Lisbeth Pourcel, Florensac

Für 10 Gläser
Vorbereitung: 1 Stunde
Garzeit: 2 Stunden 30 Minuten
Kühlen: 1 Stunde

8 Rote Beten
250 ml Sahne
100 ml heller Geflügelfond
(siehe Seite 170)

Salz und Pfeffer
2 g Agar-Agar
1 Eiweiß, verquirlt
30 g Puderzucker

GELEE, SCHAUM UND CHIPS VON ROTER BETE

Vier Rote Beten 1 Stunde in kochendem Wasser garen und schälen.
Die Knollen im Mixer pürieren, die Sahne und den Fond unterrühren
und mit Salz und Pfeffer abschmecken. Die Mischung in einen Siphon,
bestückt mit einer Gaskartusche, füllen und kalt stellen.

Drei Rote Beten im Entsafter auspressen – Sie benötigen 300 Milliliter
Rote-Bete-Saft. Den Saft salzen und pfeffern und mit dem Agar-Agar
zum Kochen bringen. Auf zehn Gläser verteilen und an einem kühlen
Ort 1 Stunde gelieren lassen.

Inzwischen den Ofen auf 90 °C vorheizen, die verbliebene rohe Rote Bete
schälen in hauchdünne Scheiben schneiden und auf ein mit Backpapier
bedecktes Blech legen. Mit dem verquirlten Eiweiß einpinseln, mit dem
Puderzucker bestreuen und 1 Stunde und 30 Minuten im Ofen backen.

Zum Servieren etwas Rote-Bete-Schaum aus dem Siphon auf das Gelee
im Glas aufspritzen und mit den Rote-Bete-Chips dekorieren.

TIPP Die Verwendung von Agar-Agar für ein Gelee erfordert genaues Arbeiten, daher ist es wichtig, den Rote-Bete-Saft exakt abzumessen.

Fruchtiger Rotwein, serviert mit 12–14 °C:
Graves Château Masserau 2005,
Philipp & Jean-François Chaigneau, Barsac

Für 10 Gläser
Vorbereitung: 1 Stunde und 30 Minuten
Garzeit: 25 Minuten
Marinieren: 12 Stunden

Gazpacho	Reisschaum
500 g rote Tomaten	250 g Basmatireis
500 g grüne Tomaten	500 ml Vollmilch
500 g gelbe Tomaten	50 ml Sherryessig
1 rote Paprikaschote	Salz und Pfeffer
1 grüne Paprikaschote	3 in Salz eingelegte Zitronen (marok-
1 gelbe Paprikaschote	kanischer Lebensmittelhandel oder
3 Salatgurken	Feinkostladen)
3 Knollen Gemüsefenchel	350 ml Sauternes
3 Stangen Staudensellerie	50 g Perltapioka
Olivenöl	8 Melisseblätter
Gelatine	8 Minzeblätter
	8 Basilikumblätter

GAZPACHO VON DREIERLEI TOMATEN MIT PERLTAPIOKA UND REISSCHAUM MIT SHERRYESSIG

Am Vortag die Tomaten kurz überbrühen, kalt abschrecken, häuten und von den Samen befreien. Die Paprikaschoten mit einem Sparschäler schälen und von den Samen und hellen Trennhäuten befreien. Die Gurken schälen und entkernen, den Fenchel putzen und in Streifen schneiden, den Sellerie würfeln. Die Tomaten und die Paprikaschoten in grobe Würfel schneiden und nach Farben getrennt in drei Schüsseln geben. Das restliche Gemüse zu gleichen Teilen untermengen, mit Olivenöl übergießen und über Nacht marinieren.

Am nächsten Tag die Gemüsemischungen getrennt im Mixer pürieren, durch ein Sieb passieren und mit vier Gramm Blattgelatine pro 500 Milliliter Flüssigkeit zu Gelee verarbeiten: die Gelatine in kaltem Wasser einweichen, das Gemüsepüree erhitzen, die Gelatine gut ausdrücken und unter Rühren in dem heißen Püree auflösen, abkühlen lassen.

Den Basmatireis in der Milch und einem guten Schuss Wasser 15 Minuten garen. 400 Milliliter der Garflüssigkeit abnehmen, den Sherryessig unterrühren, würzen und im Mixer aufschäumen. Durch ein Sieb gießen und in einen Siphon, bestückt mit einer Gaskartusche, füllen.

Die gesalzenen Zitronen würfeln, in einem Topf mit dem Sauternes, den Tapiokaperlen und den Kräuterblättern vermengen und garen, bis die Tapioka klar ist. Die Kräuter herausnehmen.

Die Tapiokaperlen auf die Gläser verteilen und mit den verschiedenen abgekühlten, aber noch nicht gelierten Gazpachos auffüllen. Mit Reisschaum aus dem Siphon garnieren und servieren.

TIPP Diese Gazpachos lassen sich je nach Geschmack im Glas oder auf einem Präsentierlöffel anrichten.

Den Reis können Sie noch anderweitig verwenden, beispielsweise für einen Milchreis.

Rosé, serviert mit 10 °C:
Collioure Faranell 2007,
Domaine Madeloc, Pierre
Gaillard, Banyuls-sur-Mer

Für 10 Personen
Vorbereitung: 1 Stunde
Garzeit: 1 Stunde 50 Minuten

250 g durchwachsener Räucherspeck,
entschwartet und in 5 mm dünne
Scheiben geschnitten
500 g festkochende Kartoffeln
250 g Emmentaler
3 Eier
250 ml Sahne
2 g Agar-Agar
Salz und weißer Pfeffer
25 g schwarze Trüffeln, gehobelt
250 g Sandwichtoast

Kürbis-Espuma
1 Butternusskürbis
300 ml Sahne

SANDWICHTURM MIT KÜRBIS-ESPUMA

Den Speck in kochendem Wasser 20 Minuten blanchieren. Die Kartoffeln schälen und in fünf Millimeter dünne Scheiben schneiden. Den
Emmentaler ebenfalls fünf Millimeter dünn in Scheiben schneiden.
Die Eier mit der Sahne und dem Agar-Agar verschlagen und mit Salz
und Pfeffer würzen.

Den Ofen auf 120 °C vorheizen.

Eine rechteckige Terrinenform mit Frischhaltefolie auskleiden und
nacheinander je eine Schicht Kartoffeln, Speck, gehobelte Trüffeln
und Emmentaler einlegen. Mit der Eiersahne übergießen und den Rest
Kartoffeln, Speck, Trüffeln und Emmentaler einschichten. Die Terrine
mit Frischhaltefolie zudecken und im Ofen im Wasserbad 1½ Stunden
garen. Vollständig abkühlen lassen.

Inzwischen für die Espuma den Kürbis schälen und entkernen. Das
Fruchtfleisch würfeln und in kochendem Salzwasser garen. Mit der Sahne
im Mixer pürieren und noch etwas eindicken lassen. Die Kürbiscreme in
einen Siphon, bestückt mit zwei Kartuschen, füllen und warm stellen.

Die Brotscheiben toasten und entrinden. Die Terrine in Scheiben von der
Größe der Toasts schneiden. Toast- und Terrinenscheiben zu »Türmen«
übereinanderschichten und an den Ecken mit vier hölzernen Zahn-
stochern fixieren. Jeweils in vier Stücke schneiden und servieren. Die
Kürbis-Espuma separat dazu reichen.

TIPP Sie können die Sandwiches
vor dem Servieren auch im Ofen
leicht erhitzen.

Kräftiger Rotwein, serviert mit 18–20 °C:
Côtes-du-Roussillon-Villages Muntadas
2001, Domaine Gauby, Ghislaine,
Gérard, Lionel Gauby, Calce

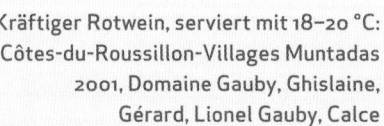

Für 10 Gläser
Vorbereitung: 1 Stunde
Garzeit: 30 Minuten

10 Jakobsmuscheln, ausgelöst
150 g frische Morcheln
1 Schalotte, in feine Streifen
geschnitten
Butter
150 ml Sahne
Salz und frisch gemahlener Pfeffer
20 Stangen grüner Spargel
5 Scheiben Bauernbrot
30 g Parmesan, frisch gerieben
Olivenöl

Sabayon
1 Schalotte, in feine Streifen
geschnitten
Butter
200 ml Noilly-Prat (oder ein anderer
trockener weißer Wermut)
3 Eigelb
150 g geklärte Butter (siehe Seite 170)
Salz
Etwas frisch gepresster Zitronensaft

GEBRATENE JAKOBSMUSCHELN, MORCHELRAHM MIT SPARGEL UND NOILLY-PRAT-SABAYON

Die Jakobsmuscheln unter fließendem kaltem Wasser waschen und den orangeroten Corail abtrennen. Die Nüsschen auf einem Gitter abtropfen lassen. Die Morcheln putzen. Die Schalotte und die Morcheln in etwas Butter anschwitzen, die Sahne zugießen und 10 Minuten köcheln lassen; mit Salz und Pfeffer würzen.

Die Spargelstangen schälen und fünf schöne Stangen zurücklegen. Die Spitzen der anderen Stangen abschneiden, den Rest der Stangen in ein Zentimeter dicke Scheiben zerteilen. Sämtlichen Spargel 3 Minuten in kochendem Salzwasser garen und sofort kalt abschrecken. Abtropfen lassen, die Spargelspitzen und -scheiben unter den Morchelrahm mengen und mit Salz und Pfeffer abschmecken. Die ganzen Stangen längs halbieren. Das Brot toasten und entrinden. Die Scheiben längs halbieren und die Ränder begradigen, sodass Rechtecke entstehen. Die Rechtecke mit einer halbierten Spargelstange und etwas Parmesan garnieren.

Für das Sabayon die Schalotte in etwas Butter anschwitzen, mit dem Noilly-Prat ablöschen und diesen um drei Viertel reduzieren. Die Eigelbe und einen Esslöffel kaltes Wasser zugeben und mit dem Schneebesen schaumig schlagen. Vom Herd nehmen und unter ständigem Rühren langsam die geklärte Butter zugießen. Das Sabayon mit Salz und Zitronensaft abschmecken und warm stellen.

Die Jakobsmuscheln in einer Pfanne in Olivenöl braten; kurz vor Ende der Garzeit noch etwas Butter zugeben und würzen. In jedes Glas ein wenig Morchelrahm mit Spargel füllen, einen Esslöffel Sabayon darübergeben und eine Jakobsmuschel hineinsetzen. Die Spargelschnittchen mit Parmesan dazu servieren.

TIPP Durch die Zugabe von Butter kurz vor Ende der Garzeit wird der Garprozess sofort beendet.

Fruchtiger, mineralischer Weißwein, serviert mit 8–10 °C:
Coteaux-du-Languedoc, Picpoul de Pinet 2006,
Les Peyrilles, Gilles & Lisbeth Pourcel, Florensac

Für 10 Gläser
Vorbereitung: 30 Minuten
Garzeit: 1 Stunde 30 Minuten
Kühlen: 2 Stunden

4 Kaninchenkeulen
Olivenöl
Butter
2 Zwiebeln, in feine Streifen
geschnitten
Salz und Pfeffer
500 ml Weißwein
3 Knoblauchzehen
1 Zweig Thymian
1 Lorbeerblatt
2 Blatt Gelatine
Kandierte Tomatenblättchen (siehe
Seite 171) und Koriandergrün zum
Garnieren (nach Belieben)

Würzige Olivenpaste
1 Zweig Salbei
80 g schwarze Olivenpaste (Tapenade)
30 g Pinienkerne, geröstet
30 g Parmesan, frisch gerieben
100 ml heller Geflügelfond
(siehe Seite 170)
Olivenöl

KANINCHEN-CONFIT IN ASPIK MIT WÜRZIGER OLIVENPASTE

In einem gusseisernen Schmortopf die Kaninchenkeulen in Olivenöl und Butter rundherum anbraten. Die Zwiebeln zugeben, kurz anrösten und mit Salz und Pfeffer würzen. Mit dem Weißwein ablöschen, den ungeschälten Knoblauch, den Thymian und den Lorbeer hinzufügen und alles zugedeckt 1½ Stunden schmoren.

Die Gelatine in kaltem Wasser einweichen. Die Kaninchenkeulen auslösen, das Fleisch zerpflücken und in eine Schüssel geben. Die Zwiebeln abtropfen lassen und dann in eine Schüssel geben. Den Schmorsaft durch ein Sieb passieren und die gut ausgedrückte Gelatine darin auflösen. Drei Viertel des Gelees über das Fleisch, den Rest über die Zwiebeln gießen und beides 2 Stunden im Kühlschrank fest werden lassen.

Für die Olivenpaste den Salbei grob hacken. Die Tapenade mit dem Salbei, den Pinienkernen, dem Parmesan, dem Fond und einem Schuss Olivenöl nur kurz im Mixer zermahlen.

In jedes Glas etwas Kaninchen-Confit in Aspik geben, etwas Olivenpaste darauf verstreichen und die gelierten Zwiebeln darüberschichten. Eine weitere Schicht Kaninchen-Confit folgen lassen und zuoberst mit der restlichen Olivenpaste abschließen. Nach Belieben mit kandierten Tomatenblättchen und einem Zweig Koriandergrün garnieren und servieren.

TIPP Reichen Sie zu diesen Gläsern mit frischen Tomaten eingeriebenes geröstetes Toast- oder Weißbrot.

Gehaltvoller Weißwein von guter Struktur, serviert mit 10–12 °C: Elsässer Grauburgunder (Alsace Pinot gris), Réserve personnelle 2002, Domaine Trimbach, Familie Trimbach, Ribeauvillé

Für 10 Gläser
Vorbereitung: 40 Minuten
Garzeit: 30 Minuten

Pilzstangen
200 g Pilze (Pfifferlinge, Steinpilze, Champignons – je nach Saison)
1 Schalotte, in feine Streifen geschnitten
Olivenöl
30 ml Sahne
Salz und Pfeffer
1 EL gehackte Petersilie
10 g Parmesan, frisch gerieben
5 Frühlingsrollenblätter
1 Eigelb
Pflanzenöl zum Frittieren

Maispüree
1 große Dose (875 g) Zuckermais
1 EL Olivenöl
3 EL Sahne
Salz und Pfeffer
50 g geschlagene Sahne

Schwarzwurzelbrühe
300 g Schwarzwurzeln
300 ml heller Geflügelfond (siehe Seite 170)
50 g Butter
500 ml Sahne
½ Vanilleschote
Salz und Pfeffer
1 Prise Zucker
Olivenöl

MAISPÜREE, SCHWARZWURZELCREME MIT VANILLE UND KNUSPRIGE PILZSTANGEN

Für die Pilzstangen die Pilze putzen und ganz fein würfeln. Die Schalotte und die Pilze in etwas Olivenöl anschwitzen, die Sahne zugießen und einkochen lassen. Die Mischung mit Salz und Pfeffer würzen, vom Herd nehmen und die Petersilie und den Parmesan unterrühren. Vollständig abkühlen lassen.

Die Frühlingsrollenblätter halbieren, auf jede Hälfte am Rand einen Streifen Pilzfarce auftragen, den Teig darüberschlagen und aufrollen. Die Enden zum Verschließen mit Eigelb bestreichen. Kalt stellen.

Den Mais abtropfen lassen, mit dem Olivenöl im Mixer zu einem feinen Püree verarbeiten und durch ein Sieb streichen. Die flüssige Sahne erhitzen, unter das Püree mengen und sparsam würzen. Zuletzt die geschlagene Sahne unterziehen, das Maispüree etwa halbhoch in die Gläser füllen und warm stellen.

Die Schwarzwurzeln schälen und in Stifte schneiden. Den Fond mit der Butter, der Sahne, den Schwarzwurzeln sowie der Vanilleschote und ihrem ausgekratzten Mark erhitzen. Mit Salz, Pfeffer und einer Prise Zucker würzen, einen Schuss Olivenöl zugeben und etwa 15 Minuten köcheln lassen. Die Vanilleschote entfernen, die Mischung im Mixer pürieren und durch ein Sieb passieren.

Die Pilzstangen im 160 °C heißen Öl goldgelb und knusprig backen, abtropfen lassen und salzen.

Die aufgeschäumte Schwarzwurzelcreme über das Maispüree in die Gläser füllen, mit den Pilzstangen garnieren und sofort servieren.

TIPP Sie können eine Menge Zeit sparen, wenn Sie zu tiefgefrorenen und bereits geschälten und vorgegarten Schwarzwurzeln greifen.

Kräftiger Weißwein von guter Struktur; serviert mit 10–12 °C: Châteauneuf-du-Pape, Vieilles Vignes 2002, Château de Beaucastel, Jean Pierre & François Perrin, Courthézon

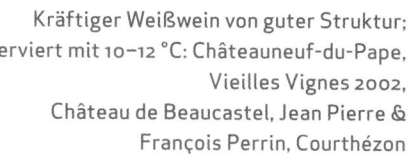

Für 10 Gläser
Vorbereitung: 35 Minuten
Garzeit: 40 Minuten

Pilzfrikassee
200 g kleine Pfifferlinge
200 g Totentrompeten
200 g Steinpilze (frisch oder tiefgekühlt)
Olivenöl
Salz und weißer Pfeffer
1 EL Haselnussöl
50 ml Sahne

500 g Schwarzwurzeln
1 l Milch
150 ml Sahne
60 g Butter
1 EL Zucker
10 Wachteleier
10 Zweige Kerbel

PILZFRIKASSEE MIT SCHWARZWURZELSCHAUM UND WACHTELEI

Sämtliche Pilze putzen, waschen und gut abtropfen lassen; die Steinpilze in Scheiben schneiden. Die Pilze getrennt in einer beschichteten Pfanne in Olivenöl sautieren und mit Salz und Pfeffer würzen. Vermengen, das Haselnussöl und 50 Milliliter Sahne untermischen und beiseitestellen.

Die Schwarzwurzeln schälen, waschen und 30 Minuten in der Milch, vermischt mit einem Liter Wasser, garen. Die Schwarzwurzeln abtropfen lassen, die Garflüssigkeit auffangen. Einige ganze Schwarzwurzeln beiseitelegen, den Rest pürieren. 50 Milliliter der Sahne unterrühren und das Püree mit Salz und Pfeffer abschmecken.

Die ganzen Schwarzwurzeln in Stifte schneiden und in einer Pfanne in der Butter und dem Zucker glasieren.

Das Schwarzwurzelpüree mit 100 Milliliter der Garflüssigkeit und der restlichen Sahne verdünnen.

Die karamellisierten Schwarzwurzeln auf die Gläser verteilen und etwas Schwarzwurzelpüree und das Pilzfrikassee darübergeben. Behutsam ein rohes Wachteleigelb in jedes Glas setzen.

Die restliche Schwarzwurzelbrühe mit dem Stabmixer aufschäumen und die Gläser mit einem Schaumhäubchen garnieren. Jedes Glas mit einem Zweig Kerbel dekorieren, mit einigen Tropfen Olivenöl beträufeln und servieren.

TIPP Tragen Sie beim Schälen der Schwarzwurzeln Einmalhandschuhe, damit sich Ihre Hände nicht verfärben.

Halten Sie den Stabmixer beim Aufschäumen der Schwarzwurzelbrühe leicht geneigt (etwa im 45-Grad-Winkel), so wird der Schaum besonders luftig und locker.

Gehaltvoller Weißwein von guter Struktur, serviert mit 10–12 °C: Elsässer Grauburgunder (Alsace Pinot gris), Réserve personnelle 2002, Domaine Trimbach, Familie Trimbach, Ribeauvillé

Für 10 Gläser
Vorbereitung: 35 Minuten
Garzeit: 25 Minuten
Einweichen: 1 Stunde

8 getrocknete Aprikosen
400 g Karotten
Olivenöl
150 ml Orangensaft
½ TL Lebkuchengewürz (Mischung aus
Zimt, Nelke, Muskatnuss, Koriander,
Kardamom)
Salz und Pfeffer
3 Frühlingsrollenblätter
Zerlassene Butter
2 EL Puderzucker
200 g junge Blattsalate
(Spinat, Rucola)
100 ml Walnussvinaigrette
10 Scheiben Brie de Meaux (etwa 150 g)

Orangenkaramell
80 g Zucker
1 Schuss Balsamicoessig
Saft von 1 Orange
Saft von 1 Zitrone
100 ml Karottensaft
40 g Butter

TEIGTÄSCHCHEN MIT KAROTTEN UND APRIKOSEN, BRIE DE MEAUX UND ORANGENKARAMELL

Die Aprikosen in einer Schüssel mit lauwarmem Wasser 1 Stunde einweichen. Abtropfen lassen und in Streifen schneiden.

Inzwischen den Ofen auf 180 °C vorheizen. Die Karotten schälen, würfeln und in einem Topf in Olivenöl anschwitzen. Den Orangensaft, die Aprikosen und das Lebkuchengewürz zugeben und bei schwacher Hitze garen, bis sämtliche Flüssigkeit verkocht ist. Mit Salz und Pfeffer würzen, abkühlen lassen und kalt stellen.

Die Frühlingsrollenblätter in 8 × 8 Zentimeter große Quadrate schneiden und mit zerlassener Butter einpinseln. Jeweils einen gehäuften Esslöffel der Karotten-Aprikosen-Mischung in die Mitte setzen, die Teigränder mit Wasser befeuchten und die Teigecken diagonal über die Füllung schlagen und festdrücken, sodass dreieckige Taschen entstehen. Die Taschen rundherum mit Puderzucker bestauben und 10 Minuten im Ofen backen; dabei regelmäßig wenden.

Für den Karamell den Zucker, den Balsamicoessig, den Orangensaft, den Zitronensaft und den Karottensaft erhitzen, bis der Zucker karamellisiert und die Mischung sirupartig eingedickt ist. Vom Herd nehmen und die Butter unterschlagen.

Die Blattsalate in der Walnussvinaigrette wenden und auf die Gläser verteilen. Je ein Teigtäschchen und eine Scheibe Brie de Meaux darauf arrangieren, mit dem Orangenkaramell überziehen und servieren.

TIPP Sie können den Brie auch durch Reblochon ersetzen.

Frühlingsrollenblätter finden Sie im asiatischen Lebensmittelhandel. Die hauchdünnen Teigblätter aus Maismehl, Weizenmehl und Stärke sind etwas fester als Filoteig.

Fruchtiger Rotwein, serviert mit 12–14 °C:
Saint-Amour Ondine 2006, La Condemine,
Véronique, Cécile & Pierre Janny, Péronne

107

TOMATEN-OLIVEN-TATAR MIT
FENCHELSCHAUM

Für 10 Gläser
Vorbereitung: 20 Minuten
Garzeit: 40 Minuten

2 Knollen Gemüsefenchel • 1 Sternanis • Olivenöl •
300 ml heller Geflügelfond (siehe Seite 170) •
1 Joghurt • 150 ml Sahne • Salz und Pfeffer

Tomaten-Oliven-Tatar
10 g Pinienkerne • 4 Tomaten • 15 g Olivenpaste
(Tapenade) • Olivenöl • 1 Zweig Basilikum, die Blätter
in feine Streifen geschnitten

Die Fenchelknollen putzen und in Streifen schneiden
(einige Streifen zum Garnieren beiseitelegen). Das
Gemüse mit dem Sternanis 2 Minuten in Olivenöl
anschwitzen, den Fond zugießen, mit Salz und Pfeffer würzen und 15 Minuten garen, bis der Fenchel
weich ist.

Den Sternanis herausnehmen, den Fenchel mit seinem Sud pürieren und durch ein Sieb passieren.
Den Joghurt und die Sahne unterrühren und abschmecken. Die Fenchelcreme in einen Siphon füllen
und mit einer Gaskartusche bestücken.

Die Pinienkerne 20 Minuten im 120 °C heißen Ofen
rösten und anschließend hacken. Die Tomaten 10 Sekunden in kochendes Wasser tauchen und kalt abschrecken. Häuten, von den Samen befreien und
das Fruchtfleisch fein würfeln. Mit der Tapenade,
etwas Olivenöl, dem Basilikum und den Pinienkernen vermengen.

Das Tomaten-Oliven-Tatar auf die Gläser verteilen
und etwas Fenchelschaum aus dem Siphon aufspritzen. Mit den rohen Fenchelstreifen garnieren
und servieren.

TOMATEN-MANGO-KALTSCHALE →
MIT KARAMELLISIERTER MELONE

Für 10 Gläser
Vorbereitung: 40 Minuten
Garzeit: 5 Minuten

100 ml püriertes Mangofruchtfleisch (Mangofruchtmark) • 3 EL Passionsfruchtsaft • 100 ml plus 2 EL
Olivenöl • 4 Eiswürfel • 500 ml Tomatensaft • 2 Tomaten, gewürfelt • 100 g rote Beeren (beispielsweise
Erdbeeren und Himbeeren) • 600 g Wassermelone •
4 EL Balsamicoessig • 1 EL Zucker • 1 Prise Salz •
Frittierte Sellerieblätter zum Garnieren

Das Mangofruchtmark mit dem Passionsfruchtsaft,
zwei Esslöffeln Olivenöl und den Eiswürfeln im Mixer
pürieren. Die Mischung durch ein Sieb gießen und
auf die Gläser verteilen.

Den Tomatensaft mit den Tomaten, den Beeren,
100 Gramm Wassermelone, 100 Milliliter Olivenöl,
zwei Esslöffeln Balsamicoessig, dem Zucker und
einer Prise Salz im Mixer pürieren. Durch ein Sieb
passieren und vorsichtig über den Mangosaft in die
Gläser füllen.

Den Rest der Wassermelone in Würfel schneiden,
mit dem restlichen Balsamicoessig in eine heiße
Pfanne geben und kurz durchschwenken. Die Würfel
auf Holzspieße stecken und die Gläser mit den Melo-
nenspießen garnieren. Mit frittierten Sellerieblättern
dekorieren und servieren.

TIPP Der Handel bietet mittlerweile auch
kernlose Wassermelonen, sehr praktisch –
und schmackhaft dazu.

Rosé, serviert mit 10 °C:
Coteaux-du-Languedoc Saint-Drézéry,
Château Puech-Haut,
Gérard Bru, Saint-Drézéry

KASTANIEN-CAPPUCCINO MIT TRÜFFELSAHNE

Für 10 Gläser
Vorbereitung: 20 Minuten
Garzeit: 20 Minuten

200 g gegarte Esskastanien (Vakuumpack) • 1 l heller Geflügelfond (siehe Seite 170) • 100 ml Sahne • 20 g Zucker • 50 g Butter • 3 EL Olivenöl

Zum Fertigstellen
1 schwarze Trüffel von etwa 30 g • 150 g geschlagene Sahne • Grobes Salz, Salz und Pfeffer • 50 g gegarte Esskastanien (Vakuumpack) • Olivenöl • Kakaopulver

Die Kastanien mit dem Fond, der Sahne, dem Zucker, der Butter und dem Olivenöl in einem Topf vermengen und 20 Minuten garen. Dann im Mixer pürieren.

Zum Fertigstellen die Trüffel putzen und in dünne Scheiben schneiden. Zehn Scheiben beiseitelegen, den Rest in feine Streifen (Julienne) schneiden, unter die geschlagene Sahne ziehen und mit Salz und Pfeffer würzen. Die Kastanien in kleine Würfel schneiden und auf die Gläser verteilen. Den Kastanien-Cappuccino darüberschöpfen und je eine Trüffelscheibe hineinlegen. Mit grobem Salz und einigen Tropfen Olivenöl würzen und mit einem Trüffelsahnehäubchen krönen. Zuletzt mit etwas Kakaopulver bestauben und servieren.

TIPP Die Trüffelsaison dauert von Dezember bis März.

Kaufen Sie gegarte Kastanien im Vakuumpack oder tiefgekühlte Kastanien, sie sind leichter zu verarbeiten.

MAISPÜREE, PFIFFERLINGE → IN WALNUSSÖL, POPCORN UND WEISSE TRÜFFEL

Für 10 Gläser
Vorbereitung: 30 Minuten
Garzeit: 10 Minuten

Maispüree
1 Dose Zuckermais (etwa 500 g) • 2 EL Olivenöl • 3 EL Sahne • 1 EL Zucker • Salz

150 g kleine Pfifferlinge • 2 EL Olivenöl • Salz • 3 EL Walnussöl • 50 g Popcornmais • 1 weiße Trüffel von etwa 40 g • Frisch gemahlener schwarzer Pfeffer

Für das Maispüree den Mais mit dem Olivenöl und einem Schuss Wasser im Mixer pürieren. Die Masse durch ein Sieb streichen. Die Sahne mit dem Zucker erhitzen, das Maispüree einrühren und salzen.

Die Pfifferlinge putzen und waschen. Die Pilze mit einem Schuss Wasser und dem Olivenöl in einen Topf geben, salzen und 2–3 Minuten dünsten. Gut abtropfen lassen und in einer Schüssel mit dem Walnussöl vermengen.

In einer sehr heißen Pfanne mit Deckel das Popcorn zubereiten.

Die Trüffel putzen und in feine Scheiben schneiden.

In jedes Glas einen Esslöffel Maispüree füllen. Zuerst die Pfifferlinge, dann das leicht gesalzene Popcorn darüberschichten und mit einigen Trüffelscheibchen garnieren. Mit etwas Olivenöl und frisch gemahlenem schwarzem Pfeffer vollenden und servieren.

TIPP Sie können auch eine schwarze Trüffel verwenden und zuletzt ein paar Tropfen Trüffelöl einträufeln.

Kräftiger Weißwein von guter Struktur; serviert bei 10–12 °C: Châteauneuf-du-Pape, Vieilles Vignes 2002, Château de Beaucastel, Jean-Pierre & François Perrin, Courthézon

Für 10 Löffel
Vorbereitung: 1 Stunde
Garzeit: 30 Minuten
Kühlen: 2 Stunden

1 junger Wirsing
2 EL gepalte Erbsen
1 Karotte
1 Zucchini
¼ Knolle Sellerie
1 Blatt Gelatine
200 ml Krustentierfond
Einige Kerbel- und Estragonblätter,
gehackt
40 gegarte und ausgelöste
Krebsschwänze
Salz und Pfeffer
2 Clementinen
Einige Rote-Bete-Triebe
3 EL Vinaigrette mit Zitronensaft

Orangenkaramell
500 ml Orangensaft
2 EL Olivenöl

KREBSSCHWÄNZE IM KOHLBLATT
MIT CLEMENTINEN & ORANGENKARAMELL

Die Kohlblätter im Ganzen ablösen und *à l'anglaise* (in Salzwasser; siehe Seite 171) garen. Sofort kalt abschrecken, damit sie ihre leuchtende Farbe bewahren. Ebenso die Erbsen garen und abschrecken. Die Karotte, die Zucchini und den Sellerie schälen, in gleichmäßig kleine Würfel schneiden und getrennt *à l'anglaise* garen. Kalt abschrecken und abtropfen lassen.

Die Gelatine in kaltem Wasser einweichen. Den Krustentierfond bei schwacher Hitze auf die Hälfte einkochen. Die gut ausgedrückte Gelatine, die Gemüsewürfel, die Kräuter und die Krebsschwänze hineingeben und mit Salz und Pfeffer würzen.

Die Kohlblätter einzeln flach auf Frischhaltefolie legen. Ein wenig von der Krebs-Gemüse-Mischung daraufgeben, die Blätter über die Füllung schlagen und mithilfe der Folie wie Rouladen fest zusammenrollen. An den Enden verschnüren und 2 Stunden im Kühlschrank fest werden lassen.

Inzwischen den Orangenkaramell zubereite n: Den Orangensaft sirupartig einkochen, nach und nach das Olivenöl zugießen und wie bei einer Mayonnaise kräftig rühren, bis die Mischung emulgiert ist. Kalt stellen.

Die Clementinen samt der weißen Innenhaut schälen und die Fruchtfilets auslösen. Die Kohlröllchen in Scheiben schneiden und auf chinesischen Löffeln anrichten. Mit einem Clementinenfilet und einigen Rote-Bete-Trieben garnieren und mit Zitronenvinaigrette überziehen. Mit dem Orangenkaramell beträufeln, die Erbsen darüber verteilen und servieren.

TIPP Damit die Kohlröllchen möglichst fest werden, legen Sie die Blätter so hin, dass die Stielansätze zu Ihnen zeigen. Die Füllung daraufgeben, zuerst die Seiten, dann die Basis mit dem Stiel darüberschlagen und fest aufrollen.

Rosé, serviert mit 10 °C:
Tavel 2006, Domaine de la Mordorée,
Christophe Delorme, Tavel

Für 10 Gläser
Vorbereitung: 1 Stunde
Gefrieren: 12 Stunden
Ziehen: 15 Minuten

Granité
300 g Zucker
Saft von 2 Limetten
750 ml Wodka

4 Blatt Gelatine
¼ Knolle Sellerie
1 Karotte
1 Zucchini
4 Stangen grüner Spargel
2 Tomaten
Salz und Pfeffer
Olivenöl

Zitronensaft
500 ml Geflügelfond (siehe Seite 170)
2 Sternanis
1 Vanilleschote, aufgeschlitzt
5 Safranfäden
10 schwarze Pfefferkörner
Einige Stückchen Muskatblüte
10 Austern
10 große Venusmuscheln
10 Clams (Amerikanische Venus-muscheln)
10 Schwertmuscheln
5 Jakobsmuschelnüsschen

MUSCHELN IN FEIN GEWÜRZTEM ASPIK AUF FRISCHEM GEMÜSE, WODKA-GRANITÉ

Am Vortag die Granité zubereiten: Aus dem Zucker und 500 Milliliter Wasser einen Sirup kochen. Den durchgeseihten Limettensaft und den Wodka einrühren, die Mischung 12 Stunden einfrieren und zwischendurch regelmäßig mit einer Gabel durcharbeiten, damit sich möglichst kleine Eiskristalle bilden.

Am folgenden Tag die Gelatine in kaltem Wasser einweichen. Das Gemüse schälen, die Tomaten mit kochendem Wasser überbrühen, häuten und von den Samen befreien. Das Gemüse in feine Stäbchen schneiden. Mit Salz, Pfeffer, Olivenöl und Zitronensaft würzen.

Den Geflügelfond einmal aufkochen, sämtliche Gewürze hineingeben und 15 Minuten ziehen lassen. Den Fond durch ein Sieb gießen, die gut ausgedrückte Gelatine darin auflösen und die Flüssigkeit beiseitestellen.

Sämtliche Muscheln auslösen und auf einem Gitter abtropfen lassen. Die Jakobsmuscheln waagerecht in zwei Hälften schneiden. Die Muscheln mit der abgekühlten, aber noch nicht gelierten Flüssigkeit überglänzen. Die Muscheln kalt stellen, bis der Überzug vollständig geliert ist, und dann eine zweite Schicht auftragen.

Die Gemüsestäbchen auf die Gläser verteilen, die Muscheln in Aspik darauf anrichten und servieren. Die Wodka-Granité separat dazu reichen.

TIPP Die hochprozentige Granité wird separat gereicht, so können sich die Gäste ganz nach eigenem Gusto bedienen.

Stellen Sie das Gitter mit den Muscheln auf einen Teller, um das beim Überglänzen abtropfende Gelee aufzufangen, sodass es für eine zweite Schicht reicht. Wenn Sie einen Pinsel verwenden, können Sie sogar eine dritte Schicht auftragen.

Dieses Rezept lässt sich gut vorbereiten, allerdings sollte das Anrichten erst im letzten Moment erfolgen.

MARINIERTE HERZMUSCHELN MIT
KORIANDER AUF AVOCADOCREME,
TOMATEN-ANANAS-SORBET

Für 10 Gläser
Vorbereitung: 30 Minuten
Garzeit: 10 Minuten
Reinigen der Muscheln: 12 Stunden

400 g Herzmuscheln • 2 Tomaten • ½ Mango • 1 Zweig
Koriandergrün • Saft von ½ Zitrone • Olivenöl

Avocadocreme
3 Avocados • Saft von ½ Zitrone • 50 ml Olivenöl • Piment
d'Espelette (ersatzweise scharfes Paprikapulver) • Salz
und Pfeffer

Tomaten-Ananas-Sorbet
1 kg Tomaten • 200 g Ananas • 300 ml Tomatensaft •
80 g Zucker • 1 EL Glukose (aus dem Reformhaus) •
2 EL Balsamicoessig • 500 ml Olivenöl • Selleriesalz

Die Muscheln über Nacht in eine große Schüssel leicht
gesalzenes Wasser legen, damit sie ihren Sand abgeben.

Am folgenden Tag die Avocados schälen, das Fruchtfleisch
mit dem Zitronensaft und Olivenöl im Mixer pürieren.
Mit Piment d'Espelette sowie Salz und Pfeffer würzen
und so viel Wasser einarbeiten, bis die Masse cremig ist.
In einen Spritzbeutel mit Lochtülle füllen und kalt stellen.

Die Herzmuscheln mit etwas Wasser in einen Topf geben
und zugedeckt dämpfen, bis sie sich geöffnet haben
(Muscheln, die sich nicht öffnen, wegwerfen). Das Muschelfleisch auslösen und in seinem Sud aufbewahren.

Die Tomaten und die Mango fein würfeln und mit dem
gehackten Koriandergrün unter die abgetropften Muscheln mengen. Den Zitronensaft, etwas Olivenöl und
zwei Esslöffel des Muschelsuds zugeben und würzen.

Für das Sorbet die ungeschälten Tomaten, die Ananas und
die anderen Zutaten im Mixer pürieren. Die Mischung
durch ein Sieb passieren und in der Eismaschine gefrieren.

Etwas Avocadocreme in die Gläser spritzen, die marinierten Herzmuscheln darüberlöffeln und eine Kugel
Sorbet daraufsetzen.

TIPP Statt Herzmuscheln können Sie auch kleine Miesmuscheln oder in Streifen geschnittene Abalonen nehmen.

TOMATEN-GAZPACHO, →
HÄPPCHEN MIT MARINIERTEM
THUNFISCH UND TAPENADE

Für 10 Gläser
Zubereitung: 30 Minuten
Marinieren: 20 Minuten

100 g Thunfischfilet aus dem Mittelstück • Olivenöl •
1 unbehandelte Limette • 1 Baguette • 1 EL schwarze
Olivenpaste (Tapenade) • 2 EL geschlagene Sahne •
10 kandierte Tomatenblättchen (siehe Seite 171) •
Einige Schnittlauchhalme zum Dekorieren

Tomaten-Gazpacho
50 g rote Paprikaschote • 6 vollreife Tomaten •
1 EL Balsamicoessig • 1 EL Zucker • 50 ml Olivenöl •
4 Eiswürfel • Salz, Selleriesalz und Pfeffer

Das Thunfischfilet in feine Scheibchen schneiden,
in einer Schale in etwas Olivenöl und dem Saft und
der abgeriebenen Schale der Limette einlegen und
20 Minuten marinieren.

Die Paprika schälen und von den Samen befreien. Die
Tomaten 10 Sekunden in kochendes Wasser tauchen,
in Eiswasser kalt abschrecken, häuten und von den
Samen befreien. Das Fruchtfleisch mit der Paprika,
dem Essig, dem Zucker und dem Olivenöl im Mixer
pürieren. Die Eiswürfel zugeben, alles noch einmal
mixen und mit Salz, Selleriesalz und Pfeffer abschmecken. Den Gazpacho durch ein Sieb passieren, in die
Gläser füllen und kalt stellen.

Das Baguette in dünne Scheiben schneiden und
toasten. Die Tapenade unter die geschlagene Sahne
ziehen und auf die Baguettescheiben streichen. Mit
dem marinierten Thunfisch und den Tomatenblättchen garnieren, mit Schnittlauchhalmen dekorieren
und mit dem Gazpacho servieren.

TIPP Träufeln Sie vor dem Servieren etwas mit Olivenöl verdünntes Pesto in den Gazpacho, es setzt einen
hübschen optischen Akzent.

Trockener, fruchtiger, mineralischer
Weißwein, serviert mit 8–10 °C: Chablis
Vieilles Vignes 2003, Domaine Jean-Marc
Brocard, Chablis

Für 10 Gläser
Vorbereitung: 50 Minuten
Garzeit: 10 Minuten
Einweichen: 10 Minuten

Ochsenschwanzsalat
200 g gegartes und ausgelöstes
Ochsenschwanzfleisch
6 kandierte Tomatenblättchen
(siehe Seite 171)
1 EL Sahne
Saft von ½ Zitrone
1 EL Schnittlauchröllchen
Olivenöl
Salz
80 g Roquefort (vorzugsweise Gabriel
Coulet), gewürfelt
6 getrocknete Aprikosen
20 g Puffreis

Joghurt
300 g Joghurt
2 EL Olivenöl
1 Spritzer Zitronensaft
10 Blätter Koriandergrün, in feine
Streifen geschnitten

Brotchips zum Dekorieren
50 g tiefgekühltes Baguette

OCHSENSCHWANZSALAT MIT ROQUEFORT,
GEBACKENE APRIKOSEN UND JOGHURT

Das Fleisch in kleine Stückchen schneiden, die Tomatenblättchen fein würfeln. Fleisch und Tomaten mit der Sahne, dem Zitronensaft, dem Schnittlauch und zwei Esslöffeln Olivenöl vermengen und salzen. Vorsichtig die Roquefortwürfel unterheben und kalt stellen.

Die Aprikosen 10 Minuten in lauwarmem Wasser einweichen. Inzwischen den Joghurt mit dem Olivenöl, einem Spritzer Zitronensaft und dem Koriandergrün verrühren.

Die eingeweichten Aprikosen abtropfen lassen, in kleine Würfel schneiden, auf einem Blech verteilen, mit Olivenöl beträufeln und im 150 °C heißen Ofen 10 Minuten backen. Leicht salzen und kalt stellen.

Für die Chips das gefrorene Brot mit der Aufschnittmaschine in dünne Scheiben schneiden und auftauen lassen.

Die Aprikosen mit dem Puffreis vermengen und in die Gläser füllen. Den Ochsenschwanzsalat mit Roquefort darüberschichten und mit Joghurt bedecken. Mit den Chips dekorieren und servieren.

TIPP Dieses Rezept können Sie auch in Form von Kanapees realisieren. Dazu richten Sie den Ochsenschwanzsalat auf Reiswaffeln an und reichen den Joghurt, vermischt mit den Aprikosen, in Gläsern dazu.

Kräftiger Weißwein von guter Struktur, serviert mit 10–12 °C: Elsässer Grauburgunder (Alsace Pinot gris), Réserve personnelle 2002, Domaine Trimbach, Familie Trimbach, Ribeauvillé

Für 10 Gläser
Vorbereitung: 50 Minuten
Garzeit: 1 Stunde

5 Tauben von je 400 g, mit den Lebern
2 l heller Geflügelfond (siehe Seite 170)
10 Bundmöhren
5 kleine Stangen Lauch
5 Stangen grüner Spargel
6 kleine runde weiße Rübchen
½ Knolle Sellerie
15 Sternanis
3 Markknochen
10 kandierte Tomatenblättchen
(siehe Seite 171)
Einige Zweige Kerbel
Guérande-Salz
Olivenöl

Farce
80 g Hähnchenbrust ohne Haut und Knochen
50 ml Crème fraîche
½ verquirltes Ei
2 Schalotten, in feine Streifen geschnitten
Olivenöl
20 g Pistazienkerne, gehackt
60 g rohe Stopfleber (*foie gras cru*), fein gewürfelt
1 TL gehackte Petersilie
1 TL Schnittlauchröllchen

POCHIERTE TAUBE MIT GEFLÜGELFARCE, JUNGES
GEMÜSE UND STERNANISBOUILLON

Die Tauben auslösen: Brüste und Keulen von der Karkasse lösen, die Brüste in den Kühlschrank legen. Die Keulen von der Innenseite auslösen, die Enden der Unterschenkelknochen stehen lassen. Einzeln auf Frischhaltefolie legen.

Für die Farce die Hähnchenbrust mit der Crème fraîche und dem verquirlten Ei im Mixer pürieren und durch ein Sieb streichen. Die Taubenlebern hacken und mit den Schalotten in etwas Olivenöl braten. Sorgfältig mit der Geflügelfarce, den Pistazien, der Stopfleber und den Kräutern vermengen und mithilfe eines Spritzbeutels auf die Keulen auftragen. Die Keulen in die Folie einwickeln, diese an den Enden fest verknoten und alles 45 Minuten in kochendem Wasser garen.

Inzwischen den Fond erhitzen und noch einmal abschmecken. Sämtliches Gemüse putzen oder schälen und getrennt *à l'anglaise* (in Salzwasser; siehe Seite 171) garen. Kalt abschrecken und in Stäbchen von fünf Zentimeter Länge und fünf Millimeter Dicke schneiden. In einem Drittel des heißen Fonds warm stellen.

In einem weiteren Drittel Fond fünf Sternanis ziehen lassen. Den restlichen Fond erhitzen und die ausgelösten Taubenbrüstchen darin 10–12 Minuten pochieren. Herausheben und bei Raumtemperatur ruhen lassen. In demselben Fond die Markknochen pochieren und behutsam die gefüllten Keulen wieder erhitzen.

Das Gemüse auf große Gläser verteilen. Die halbierten Taubenbrüstchen und die Keulen darauf anrichten und mit der Sternanisbouillon auffüllen (die Sternanis zuvor entfernen). Jedes Glas mit einem ungegarten Sternanis, einem Stückchen Knochenmark, einem Tomatenblättchen und Kerbel garnieren. Mit Guérande-Salz bestreuen, mit Olivenöl beträufeln und servieren.

TIPP Entfernen Sie vor dem Anrichten die Haut der Taubenbrüstchen, dann wirken sie optisch noch ansprechender.

Grüner Spargel sorgt bei diesem Rezept für einen farblich hübschen Effekt. Geben Sie beim Sellerie etwas Zitronensaft ins Kochwasser, damit er nicht braun wird.

Nach dem Garen sollte das Gemüse rasch unter fließendem kaltem Wasser abgeschreckt werden, damit es seine leuchtende Farbe bewahrt.

Fruchtiger Rotwein, serviert mit 12–14 °C:
Graves Château Masserau 2005,
Philipp & Jean-François Chaigneau, Barsac

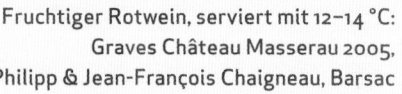

Für 10 Gläser
Vorbereitung: 50 Minuten
Garzeit: 30 Minuten

Kürbissamtsuppe
2 Hokkaidokürbisse
1 Zwiebel, in feine Streifen geschnitten
80 g Butter
500 ml heller Geflügelfond
(siehe Seite 170)
100 g gegarte Esskastanien
(tiefgekühlt oder im Vakuumpack)
Salz
1 EL Zucker
100 ml Sahne
3 EL Olivenöl

Haselnuss-Crumble
80 g Haselnusskerne
40 g Butter
1 EL Mehl
1 Eigelb
1 Prise Zucker
1 Prise Salz

Zum Dekorieren
10 dünne Scheiben Landbrot
100 g Comté, dünn gehobelt
100 g geschlagene Sahne
Olivenöl
Einige Zweige Kerbel

KÜRBISSAMTSUPPE MIT HASELNUSS-CRUMBLE & KÄSE-CROÛTONS

Die Kürbisse schälen, von den Kernen befreien und in große Würfel schneiden – Sie benötigen etwa 800 Gramm Fruchtfleisch. In einem Topf die Zwiebel in der Butter farblos anschwitzen, das Kürbisfleisch zugeben und mit dem Fond auffüllen. Die Kastanien untermengen, mit Salz und dem Zucker würzen und alles etwa 30 Minuten bei schwacher Hitze garen; die Sahne und das Olivenöl unterrühren. Die Suppe im Mixer pürieren, durch ein Sieb passieren und warm stellen.

Für den Crumble die Haselnüsse grob hacken und in einer Pfanne rösten. Vom Herd nehmen, die Butter, das Mehl, das Eigelb, den Zucker und das Salz zugeben und alles verrühren. Die Masse auf ein Blech krümeln und im 150 °C heißen Ofen goldbraun und knusprig backen.

Den Backofengrill vorheizen. Die Brotscheiben in der Größe der Gläser zurechtschneiden und toasten. Dann mit den Comté-Scheibchen belegen und unter dem Grill überbacken.

Die Kürbissamtsuppe in Gläser füllen, mit dem Haselnuss-Crumble bestreuen und ein Sahnehäubchen daraufsetzen. Etwas Olivenöl darüberträufeln, mit Kerbelzweigen garnieren und mit den Käse-Croûtons servieren.

TIPP Für die Suppe lässt sich auch der zunehmend populäre und überall erhältliche Butternusskürbis verwenden.

Nehmen Sie sich in jedem Fall die Zeit, die Suppe sorgfältig zu passieren, damit sie einen seidigen Glanz und die perfekte Konsistenz erhält.

Der Comté lässt sich am besten mit einem Sparschäler oder einem Gemüsehobel in feine Scheiben schneiden.

Kräftiger Weißwein von guter Struktur, serviert mit 10–12 °C: Elsässer Grauburgunder (Alsace Pinot gris), Réserve personnelle 2002, Domaine Trimbach, Familie Trimbach, Ribeauvillé

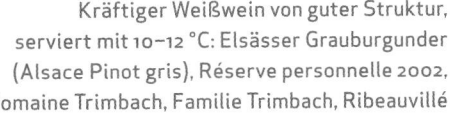

Für 10 Gläser
Vorbereitung: 30 Minuten
Garzeit: 20 Minuten
Marinieren: 10 Minuten

3 Hähnchenbrustfilets
(ohne Haut; Freiland)
Salz und Pfeffer
Olivenöl
1 EL Fischsauce (Nuoc mam;
im Asialaden)
1 EL Sesamöl
1 EL Sojasauce
30 Stangen grüner Spargel

10 Scheiben Bauernbrot oder
10 Brötchen, das obere Drittel
abgeschnitten
1 Kugel Mozzarella, in Scheiben
geschnitten
1 EL Sesam
Saft von 1 Zitrone
6 Minzeblätter, in feine Streifen
geschnitten
Balsamico-Creme

SANDWICH MIT MARINIERTER HÄHNCHENBRUST,
GEGRILLTEM SPARGEL UND MOZZARELLA

Die Hähnchenbrustfilets mit Salz, Pfeffer und Olivenöl würzen. Einzeln in Frischhaltefolie wickeln und je nach Dicke 8–10 Minuten in kochendem Wasser durchgaren. Kalt abschrecken und in dünne Scheiben schneiden. Das Fleisch mit der Fischsauce, dem Sesamöl und der Sojasauce beträufeln und etwa 10 Minuten marinieren.

Inzwischen den Spargel schälen, 20 Stangen längs halbieren und bei starker Hitze in Olivenöl grillen. Die restlichen Stangen mit einem Sparschäler in dünne Bänder schneiden.

Die Brotscheiben (oder die aufgeschnittenen Brötchen) mit Olivenöl beträufeln und unter dem Backofengrill rösten. Noch heiß mit dem Mozzarella, dem gegrillten Spargel und den marinierten Hähnchenbrustscheiben belegen und mit den rohen Spargelbändern garnieren. Mit Sesam bestreuen und mit Zitronensaft und Olivenöl beträufeln. Die Minze darüberstreuen, die Sandwiches mit etwas Balsamico-Creme beträufeln und servieren.

TIPP Der Mozzarella lässt sich leichter schneiden, wenn Sie ihn für 10–15 Minuten in den Gefrierschrank legen.

TIPP Sie können auch etwas Balsamico-Creme und Olivenöl in die Gläser geben.

Rosé, serviert mit 10 °C:
Coteaux-du-Languedoc Saint-Drézéry,
Château Puech-Haut,
Gérard Bru, Saint-Drézéry

KANAPEES MIT MARINIERTEM RINDFLEISCH IM TEIGRÖLLCHEN

Für 10 Kanapees
Vorbereitung: 50 Minuten
Garzeit: 5 Minuten
Marinieren: 20 Minuten

400 g Rinderhüfte • 2 EL Sojasauce • 2 EL Sesamöl • 200 g Spinat • 2 EL gerösteter Sesam • 10 runde Blätter Reispapier • 80 g kandierte Tomatenblättchen (siehe Seite 171) • 2 Knoblauchzehen, in Olivenöl gegart • 100 g Erbsen- und Sojasprossen • 10 Scheiben Land-brot • Parmesan, in Späne gehobelt

Die Rinderhüfte in gleichmäßig dicke Steaks schneiden und in einer Pfanne bei starker Hitze blutig braten. Das Fleisch abkühlen lassen, in feine Scheiben schneiden und 20 Minuten in der Sojasauce und dem Sesamöl marinieren.

Den Spinat von harten Stielen befreien, waschen und 2 Minuten in kochendem Salzwasser blanchieren. Kalt abschrecken, gründlich abtropfen lassen und fein schneiden. Mit dem gerösteten Sesam vermengen.

Die Reisblätter etwa 4 Minuten in Eiswasser einwei-chen. Die Tomatenblättchen mit dem Knoblauch im Mixer pürieren.

Die Reisblätter nebeneinanderlegen und halbieren. Nacheinander mit dem Spinat den marinierten Rind-fleischscheiben und den Erbsen- und Sojasprossen belegen und jede Hälfte aufrollen. Das Brot toasten und mit der Tomaten-Knoblauch-Masse bestreichen. Die Teigröllchen darauf anrichten, mit Parmesan-hobeln bestreuen und servieren.

TIPP Zum Rollen der gefüllten Blätter die Reisblatt-hälfte mit der Rundung zu Ihnen auf ein Küchentuch legen und die Füllung auftragen. Die Rundung darüber-falten, dann die Seiten nach innen einschlagen und die Reisblätter aufrollen.

AVOCADOSCHNITTCHEN →
UND GARNELEN-CARPACCIO

Für 10 Schnittchen
Vorbereitung: 30 Minuten
Marinieren: 15 Minuten

1 Limette • 10 rohe Riesengarnelen • Olivenöl • Saft von 1 Zitrone • Salz und Pfeffer • 4 Avocados • 1 EL geschlagene Sahne • Piment d'Espelette (ersatzweise scharfes Paprikapulver) • ½ Mango • 10 Scheiben Landbrot • Einige Korianderblätter

Die Schale der Limette fein reiben, die Frucht an-schließend samt der weißen Innenhaut schälen und filetieren. Beiseitestellen.

Die Garnelen schälen, von den Därmen befreien und schräg in dünne Scheiben schneiden. Auf einen Teller legen, mit Olivenöl, etwas Zitronensaft sowie Salz und Pfeffer würzen. Mit der Limettenschale bestreuen und 15 Minuten im Kühlschrank marinieren.

Inzwischen zwei Avocados schälen, das Fruchtfleisch vom Stein lösen und mit etwas Zitronensaft, zwei Esslöffeln Olivenöl, Salz und Pfeffer im Mixer pürieren und durch ein Sieb streichen. Die Schlagsahne und eine Prise Piment d'Espelette unterziehen und die Guacamole kalt stellen.

Die beiden anderen Avocados und die Mango schälen, das Fruchtfleisch in feine Scheiben schneiden und kalt stellen. Das Brot toasten.

Auf jede Brotscheibe etwas Guacamole streichen und mit den Garnelen, den Avocado- und Mangoscheiben und den Limettenfilets belegen. Mit Korianderblättern und etwas Piment d'Espelette garnieren und servieren.

TIPP Zwei Avocados und die Mango sollten noch etwas fest sein, dann lassen sie sich leichter in Scheiben schneiden.

Wenn man einen Avocadostein in die Guacamole legt, wird sie nicht so schnell braun.

Champagne millésimé (Jahrgangschampagner), weiß oder rosé, serviert mit 10 °C: Champagne Veuve Cliquot-Ponsardin, Vintage Réserve 1998, Groupe LVMH, Reims

SÜSSES
IM GLAS

LITSCHIGELEE MIT HIMBEEREN UND ZITRONENGRASSCHAUM

Für 10 Gläser
Vorbereitung: 30 Minuten
Garzeit: 5 Minuten
Kühlen: 40 Minuten

Gelee
700 g Litschis • 3 Blatt Gelatine • 50 g Zucker •
20 Himbeeren

Zitronengrasschaum
3 Stängel Zitronengras • 100 ml Milch • 100 ml Sahne •
50 g Zucker • 50 g Joghurt

Die Litschis schälen und entsteinen. Das Fruchtfleisch im Mixer pürieren und durch ein Sieb passieren. Die Gelatine in kaltem Wasser einweichen. 100 Milliliter Wasser mit dem Zucker aufkochen. Vom Herd nehmen und die gut ausgedrückte Gelatine zugeben und rühren, bis sie sich aufgelöst hat. Erneut durch ein Sieb den Litschisaft hinzugießen und umrühren. Das Gelee auf die Gläser verteilen und 40 Minuten kalt stellen.

In jedes Glas zwei Himbeeren auf die gelierte Flüssigkeit legen.

Das Zitronengras in Scheiben schneiden und in einem Topf mit der Milch und Sahne vermengen. Den Zucker einstreuen und alles aufkochen. Die Mischung im Mixer pürieren, durch ein Sieb abseihen und abkühlen lassen. Den Joghurt unterrühren und in einen Siphon, bestückt mit zwei Gaskartuschen, füllen.

Kurz vor dem Servieren mit dem Siphon ein Häubchen Zitronengrasschaum auf die Gelees aufspritzen.

TIPP Statt Litschis können Sie auch 500 Milliliter bereits gepressten Litischsaft verwenden, wenn Ihnen das Schälen und Entsteinen der Früchte zu mühselig ist.

Zitronengras finden Sie im asiatischen Lebensmittelhandel.

ERDBEEREN IN PFEFFER- → MINZLIKÖR UND JOGHURTSCHAUM MIT VANILLE

Für 10 Gläser
Zubereitung: 15 Minuten

240 g Joghurt • 120 ml Sahne • 140 g Zucker • 1 Vanilleschote • 500 g Erdbeeren • 90 ml Pfefferminzlikör (beispielsweise Get 27) • ½ Bund Minze, in feine Streifen geschnitten

Den Joghurt mit der Sahne und 40 Gramm des Zuckers verrühren. Die Vanilleschote längs spalten, das Mark herauskratzen und ebenfalls unterrühren. Die Mischung im Mixer aufschäumen und in einen Sahnesiphon, bestückt mit zwei Gaskartuschen, füllen. Kalt stellen.

Die Erdbeeren waschen, abtrocknen und entstielen. Die Früchte vierteln und mit dem restlichen Zucker einige Sekunden in einer Pfanne schwenken, bis sie nur eben glasiert sind. Den Pfefferminzlikör und die Minze zugeben und auf zehn Gläser verteilen. Die ausgekratzte Vanilleschote in feine Bänder schneiden. Den Joghurtschaum in zehn weitere Gläser füllen, mit den Vanillebändern dekorieren und servieren.

TIPP Ersetzen Sie den Kuhmilchjoghurt ruhig durch Schafsjoghurt, und warum nicht auch einmal einen Versuch mit Joghurt und Sojasahne wagen?

Sie können dieses Dessert natürlich auch nur in einem Glas anrichten und servieren.

Rosé, serviert mit 10 °C: Coteaux-du-Languedoc Saint-Drézéry, Château Puech-Haut, Gérard Bru, Saint-Drézéry

Get 27

ZWEIERLEI SCHOKOLADEN-MOUSSE MIT KARAMELLISIERTEN BANANEN & BANANENCHIPS

Für 10 Gläser
Vorbereitung: 30 Minuten
Garzeit: 5 Minuten

60 g Bitterschokolade • 200 g Zucker • 100 g Eigelb •
200 g geschlagene Sahne • 60 g Vollmilchschokolade •
6 Babybananen • 50 g Butter

Bananenchips
3 Bananen • 50 g Kartoffelstärke • Öl zum Frittieren

Die Bitterschokolade im heißen Wasserbad schmelzen. Aus 100 Gramm Zucker und 100 Milliliter Wasser einen 121 °C heißen Sirup kochen und die Hälfte davon mit dem elektrischen Handrührgerät mit der Hälfte der Eigelbe verschlagen. Die geschmolzene Schokolade unterrühren. Sobald die Mischung auf Zimmertemperatur abgekühlt ist, die Hälfte der geschlagenen Sahne unterziehen. Aus der Vollmilchschokolade und dem restlichen Zuckersirup in gleicher Weise eine Mousse zubereiten.

Die Babybananen schälen und in kleine Würfel schneiden. Die Butter in einer Pfanne aufschäumen und die restlichen 100 Gramm Zucker darin karamellisieren lassen. Die Bananenwürfel zugeben und 5 Minuten garen, bis sie rundherum mit Karamell überzogen sind. Abkühlen lassen.

Für die Chips die Bananen schälen und in dünne Scheiben schneiden. In der Kartoffelstärke wenden und in Öl frittieren.

Zum Anrichten zuerst die dunkle Schokoladenmousse in die Gläser füllen und mit der Hälfte der karamellisierten Bananen bedecken. Die helle Schokoladenmousse darüberschichten und zuoberst mit den restlichen Bananen abschließen. Mit den Bananenchips dekorieren und servieren.

TIPP Babybananen sind ausgesprochen schmackhaft, werden allerdings schnell braun – also zügig verarbeiten!

KARAMELLÄPFEL MIT WEISSER → SCHOKOLADENMOUSSE UND MANDARINEN-GRANITÉ

Für 10 Gläser
Vorbereitung: 1 Stunde
Garzeit: 5 Minuten
Tiefkühlen: 4 Stunden

300 g Zucker • 1 l Mandarinensaft • 250 g weiße Schokolade • 2 Eigelb • 500 g geschlagene Sahne • 6 Äpfel • 50 g Butter • Getrocknete Apfelchips zum Dekorieren (aus dem Bioladen oder Reformhaus)

Für die Granité aus 200 Gramm Zucker und 200 Milliliter Wasser einen Sirup kochen und abkühlen lassen. Den Mandarinensaft unterrühren und die Flüssigkeit 4 Stunden tiefkühlen. Zwischendurch regelmäßig mit einer Gabel durcharbeiten, damit sich möglichst feine Eiskristalle bilden.

Die weiße Schokolade im nicht zu heißen Wasserbad schmelzen. Zuerst die Eigelbe, dann 50 Milliliter lauwarmes Wasser unterrühren und auf Raumtemperatur abkühlen lassen. Die geschlagene Sahne unterziehen und die Mousse kalt stellen.

Die Äpfel schälen, vom Kerngehäuse befreien und das Fruchtfleisch mit einem Kugelausstecher zu kleinen Kugeln formen. Die restlichen 100 Gramm Zucker in einer Pfanne karamellisieren lassen. In kleinen Stücken die Butter zugeben und die Apfelkügelchen 5 Minuten in der Mischung garen, bis sie rundherum mit dem Karamell überzogen sind.

Die karamellisierten Äpfel auf die Gläser verteilen, je einen Apfelchip einlegen und mit weißer Mousse bedecken. Weitere Chips und Mousse einschichten und mit der Mandarinen-Granité abschließen.

TIPP Keine Zeit, eine Mousse au Chocolat zuzubereiten? Greifen Sie einfach zu einer Packung weißem Schokoladeneis mit Pekannüssen …

Weißer Likörwein oder Dessertwein, serviert mit 10 °C: Muscat-de-Saint-Jean-de-Minervois 2006, Domaine de Barroubio, Raymond Miguel, Saint-Jean-de-Minervois

Für 10 Gläser
Vorbereitung: 45 Minuten
Garzeit: 15 Minuten
Ruhen: 1 Stunde

Baba
250 g Mehl
5 g Salz
15 g Zucker
10 g Trockenhefe
3 Eier
80 g zerlassene Butter, plus Butter für
die Formen

Sirup
60 g Zucker
2 großzügige Schuss Rum

Fruchtsalat
3 Passionsfrüchte
1 Mango

10 Litschis
1 Ananas (vorzugsweise Victoria)
1 Banane
1 Papaya
½ Bund Koriandergrün, in feine
Streifen geschnitten (einige Blätter
zum Dekorieren zurückbehalten)
Saft und abgeriebene Schale von
½ unbehandelten Limette
3 EL Zucker
Fruchtiges Olivenöl

Vanillesahne
1 Vanilleschote
150 g Puderzucker, durchgesiebt
500 g geschlagene Sahne

EXOTISCHER FRUCHTSALAT MIT KORIANDERGRÜN, RUM-BABAS UND VANILLESAHNE

Für die Babas das Mehl, das Salz, den Zucker und die Hefe in der Küchenmaschine vermengen. Die Eier und 75 Milliliter lauwarmes Wasser zugeben und alles zu einem homogenen Teig verarbeiten. Nach und nach die abgekühlte Butter zugießen und kneten, bis sich der Teig vom Schüsselrand löst. Kleine Baba-Förmchen ausbuttern, zur Hälfte mit Teig füllen und diesen 1 Stunde bei Raumtemperatur gehen lassen.

Den Ofen auf 180 °C vorheizen. Für den Sirup den Zucker mit 200 Milliliter Wasser aufkochen, bis er sich aufgelöst hat, und den Rum unterrühren.

Die Babas etwa 12 Minuten im Ofen backen. Aus der Form lösen, abkühlen lassen und mit dem heißen Sirup tränken.

Das Mark der Passionsfrüchte auslösen. Den Saft und einen Teelöffel der Kerne auffangen. Das Fruchtfleisch der anderen Früchte in kleine Würfel schneiden und mit dem Passionsfruchtmark, -saft und den Kernen, dem Koriandergrün, der Schale und dem Saft der halben Limette und dem Zucker vermengen.

Die Vanilleschote längs spalten, das Mark herauskratzen und mit dem Zucker unter die geschlagene Sahne ziehen.

Den Fruchtsalat in die Gläser füllen, je ein Baba-Küchlein hineinsetzen und mit einem Klecks Vanillesahne bedecken. Mit Korianderblättern dekorieren, mit einem fruchtigen Olivenöl beträufeln und servieren.

TIPP Passionsfrüchte sind nicht immer leicht zu finden. Ersatzweise können Sie 100 Milliliter fertigen Maracujasaft verwenden.

Je nach Jahreszeit lässt sich die Fruchtsuppe beliebig abwandeln: Erdbeeren, Pfirsiche, Himbeeren und Kirschen harmonieren beispielsweise ebenfalls ausgezeichnet mit den Rum-Babas.

Victoria-Ananas sind relativ klein. Sollten Sie sie nicht bekommen, verwenden Sie eine halbe süße Ananas oder Babyananas.

Weißer Dessertwein, serviert mit
8–10 °C: Jurançon, Symphonie de
Novembre 2003, Domaine Cauhapé,
Henry Ramonteu, Monein

Für 10 Gläser
Vorbereitung: 1 Stunde
Garzeit: 55 Minuten
Tiefkühlen: 4 Stunden

Granité
150 g Zucker
250 ml Ananassaft

Orangen-Confit
8 unbehandelte Orangen
1 Zitrone
500 g Zucker

Kokosmousse
200 ml Kokosmilch
3 Eier
250 g Zucker
25 g Maisstärke
100 g Butter
500 g geschlagene Sahne

Ananas-Gazpacho
1 Ananas
1 Prise Sichuanpfeffer

KOKOSMOUSSE MIT ORANGEN-CONFIT,
ANANAS-GRANITÉ & -GAZPACHO

Für die Granité 500 Milliliter Wasser mit dem Zucker aufkochen, bis sich der Zucker aufgelöst hat. Abkühlen lassen, den Ananassaft unterrühren und die Mischung 4 Stunden tiefkühlen. Zwischendurch regelmäßig mit einer Gabel durcharbeiten, damit sich möglichst kleine Eiskristalle bilden.

Inzwischen vier Orangen und die Zitrone samt der weißen Innenhaut schälen und filetieren. Die anderen vier Orangen gründlich waschen und mit der Schale in kleine Stücke schneiden. Sämtliche Zitrusfrüchte und den Zucker in einen Topf geben und 45 Minuten sanft garen. Die Mischung im Mixer pürieren.

Die Kokosmilch zum Kochen bringen. Die Eier kräftig mit dem Zucker und der Maisstärke verschlagen. Die heiße Kokosmilch zugeben, die Mischung zurück in den Topf gießen und auf kleiner Flamme erhitzen, bis sie aufkocht. Vom Herd nehmen und die Butter unterrühren. Abkühlen lassen, vorsichtig die geschlagene Sahne unterziehen und kalt stellen.

Für den Gazpacho die Ananas schälen, vom Strunk befreien, in Stücke schneiden und mit einer Prise Sichuanpfeffer im Mixer pürieren. Durch ein Sieb passieren und falls nötig etwas süßen.

Die Kokosmousse in die Gläser füllen, etwas Orangen-Confit und Ananas-Granité darüberschichten und servieren. Den Ananas-Gazpacho separat dazu reichen.

TIPP Alternativ können Sie auch einen Ananas-Smoothie dazu servieren.

Champagne millésimé (Jahrgangschampagner), weiß oder rosé, serviert mit 10 °C: Champagne Veuve Cliquot-Ponsardin, Vintage Réserve 1998, Groupe LVMH, Reims

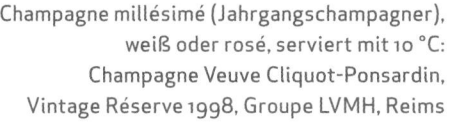

Für 10 Gläser
Vorbereitung: 30 Minuten
Garzeit: 20 Minuten

Karamellcreme	Vanilleschaum
125 ml Milch	250 ml Milch
3 Eigelb	30 g Zucker
100 g Zucker	1 Vanilleschote
40 ml lauwarme Sahne	1 Eiweiß
125 g geschlagene Sahne	
½ Ananas	Zuckerperlen
1 Apfel	
100 g Erdbeeren	
50 g Butter	
50 g Zucker	
30 ml Banyuls	

KARAMELLCREME MIT FRÜCHTEN IN BANYULS UND VANILLESCHAUM

Für die Karamellcreme die Milch zum Kochen bringen. Die Eigelbe mit 50 Gramm des Zuckers hellgelb und schaumig schlagen. Nach und nach die heiße Milch zugießen und die Mischung wie eine Englische Creme unter Rühren langsam erhitzen, bis sie sämig wird. Nicht aufkochen, sonst gerinnt sie.

Aus den restlichen 50 Gramm Zucker und einem Teelöffel Wasser einen Karamell kochen. Sobald er braun ist, die lauwarme Sahne unterrühren und die Mischung unter die Englische Creme rühren. Abkühlen lassen, die geschlagene Sahne unterziehen und auf die Gläser verteilen. Kalt stellen. Die Früchte in gleichmäßige Würfel schneiden und in einer Pfanne in der Butter und dem Zucker schwenken. Sobald sie zu karamellisieren beginnen, den Banyuls zugießen und unterrühren. Die Früchte kurz vor dem Servieren über die Karamellcreme in die Gläser füllen.

Für den Vanilleschaum die Milch mit dem Zucker und dem ausgekratzten Mark der Vanilleschote erhitzen. Vom Herd nehmen, das Eiweiß unterrühren und mit dem Stabmixer (im 45-Grad-Winkel halten) aufschäumen. Die Früchte in Banyuls mit einem Milchschaumhäubchen garnieren, mit den Zuckerperlen dekorieren und servieren.

Für 10 Gläser
Vorbereitung: 25 Minuten
Garzeit: 25 Minuten
Ziehen: 40 Minuten

500 ml Sahne
800 ml Vollmilch
200 g Zucker
1 Zimtstange
2 Vanilleschoten
7 g Blattgelatine
250 ml Kokosmilch
4 g Kokosnusscreme

40 g Perltapioka
20 g Puderzucker
15 ml Kokoslikör (beispielsweise Malibu)
1 Ananas
Gehackte Pistazien und getrocknete Ananaschips zum Dekorieren

VANILLE-PANNA-COTTA UND KOKOSSUPPE MIT ANANAS

250 Milliliter Sahne und 250 Milliliter Milch mit 75 Gramm Zucker, der Zimtstange und einer aufgeschlitzten Vanilleschote aufkochen und 20 Minuten ziehen lassen. Die Gelatine in kaltem Wasser einweichen. Die heiße Sahne-Milch-Mischung durch ein Sieb gießen und die gut ausgedrückte Gelatine darin auflösen. In die Gläser füllen und kalt stellen.

Weitere 500 Milliliter Milch und die Hälfte der Kokosmilch mit dem restlichen Zucker zum Kochen bringen. Die zweite Vanilleschote längs spalten, mit der Kokosnusscreme in die Milch geben und 20 Minuten ziehen lassen. Die Vanilleschote entfernen, die Tapiokaperlen unterrühren und bei schwacher Hitze 20 Minuten garen; regelmäßig umrühren. Abkühlen lassen und über die gestockte Panna-Cotta in die Gläser füllen.

Die restliche Sahne, Milch und Kokosmilch mit dem Puderzucker und dem Kokoslikör gründlich verrühren, durch ein Sieb gießen und in einen Siphon, bestückt mit drei Gaskartuschen, füllen.

Die Ananas schälen und vom holzigen Strunk befreien. Das Fruchtfleisch in kleine Würfel schneiden und auf die Gläser verteilen.

Mit dem Siphon ein Kokosschaumhäubchen auf die Früchte spritzen, mit den gehackten Pistazien und den Ananaschips dekorieren und servieren.

TIPP Achten Sie auf den richtigen Gargrad der Tapiokaperlen. Sie sollten durchsichtig, aber noch bissfest sein.

Kokoschips sind bei diesem Dessert ebenfalls eine ansprechende Dekoration.

Champagne millésimé (Jahrgangschampagner), weiß oder rosé, serviert mit 10 °C: Champagne Salon, S de Salon, SAS Champagne Salon & Delamotte, Le Mesnil-sur-Oger

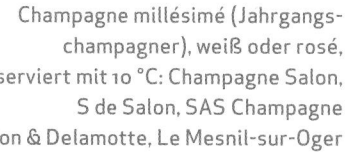

Für 10 Gläser
Vorbereitung: 20 Minuten
Garzeit: 15 Minuten
Marinieren: 40 Minuten
Gelieren: 1 Stunde

Zitronensorbet
250 g Zucker
250 ml Zitronensaft
175 ml Mineralwasser mit Kohlensäure
(vorzugsweise Perrier)
2 Eiweiß

Unbehandelte Zitronenschale zum
Dekorieren
220 g Zucker

1 Ananas
4 Blatt Gelatine (8 g)
160 ml Pfefferminzlikör (beispielsweise Get 27)
1 Bund Minze, Blätter abgezupft
2 Victoria-Ananas (ersatzweise
Babyananas)

PFEFFERMINZGELEE MIT ANANAS UND ZITRONENSORBET

Für das Zitronensorbet 125 Milliliter Wasser mit dem Zucker aufko-
chen, bis er sich aufgelöst hat. Abkühlen lassen, den Zitronensaft, das
Mineralwasser und die Eiweiße zugeben und durch ein Sieb passieren.
In der Eismaschine gefrieren.

Den Ofen auf 60 °C vorheizen. Für die Ananaschips 100 Gramm Zucker
in 100 Milliliter Wasser aufkochen, bis er sich aufgelöst hat; abkühlen
lassen. Die Ananas schälen, in dünne Scheiben schneiden und für 30 Minuten in den erkalteten Sirup legen. Auf einem mit Pergamentpapier
bedeckten Blech verteilen und etwa 1 Stunde im Ofen trocknen.

Inzwischen die Gelatine in kaltem Wasser einweichen. Den Pfefferminzlikör und 600 Milliliter Wasser mit dem restlichen Zucker zum Kochen
bringen. Die Minze hineingeben, vom Herd nehmen und 10 Minuten
ziehen lassen. Erneut aufkochen, dann vom Herd nehmen, die gut ausgedrückte Gelatine darin auflösen und die Mischung durch ein Sieb
passieren. Im Kühlschrank fest werden lassen.

Die Victoria-Ananas schälen und in ganz kleine Würfel (Brunoise)
schneiden. Das Pfefferminzgelee in den Gläsern anrichten und die
Ananaswürfel darüberschichten. Je eine Kugel Zitronensorbet daraufgeben und mit etwas abgeriebener Zitronenschale bestreuen. Mit
den Ananaschips garnieren und servieren.

TIPP Für eine Express-Version
können Sie das Sorbet und die
getrockneten Ananaschips auch
fertig kaufen.

Champagne millésimé
(Jahrgangschampagner)
weiße oder rosé, serviert mit
10 °C: Champagne rosé
Pol Roger 1996, Épernay

Für 10 Gläser
Vorbereitung: 1 Stunde
Garzeit: 25 Minuten
Ziehen: 10 Minuten

Erdbeersuppe
500 ml Rotwein
190 g Zucker
1 Vanilleschote
1 Zimtstange
25 g Pistazienkerne
25 g Pinienkerne
3 getrocknete Aprikosen
500 g Erdbeeren
200 g geschlagene Sahne
150 g Mascarpone

Grapefruitcracker
100 g weiche Butter
100 g Zucker
100 g Rohrzucker
100 ml Grapefruitsaft
70 g Mehl

Carpaccio
1 Vanilleschote
200 ml Konditorcreme (siehe Seite 142
»Kokos-Vanille-Samosas«)
150 g Joghurt
500 g Erdbeeren
1 EL Zucker
2 Scheiben Brioche
10 g Puderzucker

ERDBEEREN AUF DREIERLEI ART

Für die Erdbeersuppe den Rotwein mit 90 Gramm Zucker und sämtlichen Gewürzen, Kernen und Trockenfrüchten um ein Drittel reduzieren. Die entstielten Erdbeeren hineingeben, alles abkühlen lassen und im Mixer pürieren. Die Suppe durch ein Sieb passieren und in hohe Gläser oder Sektflöten füllen. Die geschlagene Sahne mit dem Mascarpone und dem restlichen Zucker verrühren, in einen Spritzbeutel mit Sterntülle füllen und die Suppe kurz vor dem Servieren mit einem Sahnehäubchen garnieren.

Den Ofen auf 180 °C vorheizen.

Für die Cracker die Butter mit beiden Zuckersorten, dem Grapefruitsaft und dem Mehl verrühren. Die Masse auf ein mit Backpapier ausgelegtes Blech auftragen und 12 Minuten backen. Etwas abkühlen lassen und mit einem Ausstecher Cracker ausstanzen, die im Durchmesser etwas kleiner sind als die Gläser.

Für das Carpaccio die Vanilleschote längs aufschlitzen, das Mark herauskratzen und mit der Konditorcreme und dem Joghurt verrühren. Diese Creme in einen Spritzbeutel mit Sterntülle füllen. Die Hälfte der entstielten Erdbeeren fein würfeln, die andere Hälfte in feine Scheiben schneiden. Die Erdbeerwürfel mit dem Zucker bestreuen und 10 Minuten ziehen lassen.

Die Briochescheiben in feine Stäbchen schneiden, mit Puderzucker bestauben und unter dem Backofengrill 6 Minuten rösten.

Jeweils ein Bällchen Vanillecreme in die Gläser geben, einen Cracker einlegen und die Erdbeerwürfel daraufhäufen. Mit den Briochestäbchen und den Erdbeerscheibchen garnieren und mit der Erdbeersuppe servieren.

TIPP Ein raffiniertes Dessert, das ein bisschen Organisation verlangt – doch wenn Sie die Zubereitungssteps nacheinander befolgen, gelingt's garantiert.

Legen Sie einige ganze Erdbeeren zum Dekorieren zurück.

Weißer Likörwein oder Dessertwein, serviert mit 10 °C: Muscat-de-Saint-Jean-de-Minervois 2006, Domaine de Barroubio, Raymond Miguel, Saint-Jean-de-Minervois

Für 10 Gläser
Vorbereitung: 30 Minuten
Garzeit: 1 Stunde
Marinieren: 1 Stunde
Kühlen: 4 Stunden 20 Minuten

5 Blatt Gelatine (10 g)
190 ml Zitronenlikör (Limoncello)
500 ml Bitter Lemon (beispielsweise
von Schweppes)
Abgeriebene Schale von
1 unbehandelten Limette
20 Himbeeren
1 unbehandelte Zitrone
100 g Zucker
40 g Puderzucker

Himbeerschaum
175 g Himbeeren (tiefgekühlt)
4 ganz frische Eigelb
70 g Zucker

ZITRONENGELEE MIT HIMBEERSCHAUM

Die Gelatine in kaltem Wasser einweichen. Den Zitronenlikör erhitzen und die gut ausgedrückte Gelatine darin auflösen. Die Limonade und die Limettenschale zugeben, die Mischung durch ein Sieb gießen und in die Gläser füllen. Etwa 20 Minuten kalt stellen, bis das Gelee etwas angezogen ist. Vorsichtig je zwei Himbeeren hineindrücken und weitere 4 Stunden kalt stellen.

Den Ofen auf 60 °C vorheizen. Die Zitrone unter fließendem kaltem Wasser gründlich abbürsten und in hauchdünne Scheiben schneiden. Aus den 100 Gramm Zucker und 80 Milliliter Wasser einen Sirup kochen und abkühlen lassen. Die Zitronenscheiben darin 1 Stunde ziehen lassen. Auf ein mit Backpapier bedecktes Blech legen und 1 Stunde im Ofen trocknen.

Für den Himbeerschaum die tiefgekühlten Himbeeren unter Zugabe von etwas Wasser im Mixer pürieren, durch ein Sieb passieren und leicht erhitzen. Die Eigelbe und den Zucker mit dem elektrischen Handrührgerät hellgelb und schaumig schlagen. Bei laufendem Gerät nach und nach die warme Himbeer-Coulis zugießen, bis sich eine schaumige Emulsion gebildet hat.

Das Zitronengelee mit dem Himbeerschaum und den kandierten Zitronenscheiben garnieren und servieren.

TIPP Servieren Sie zu diesem Dessert kleine Madeleines.

Achten Sie darauf, dass die Gelatinemenge exakt 10 Gramm beträgt, passen Sie die Anzahl der Blätter nötigenfalls an. Das Zitronengelee und die kandierten Zitronenscheiben können Sie auch am Vortag zubereiten.

Weißer Likör- oder Dessertwein, serviert mit 10 °C: Muscat-du-Cap-Corse 2004, Domaine Antoine Arena, Patrimonio

KARAMELLISIERTE ANANAS MIT KOKOS-MASCARPONE-CREME UND ORANGENCHIPS

Für 10 Gläser
Vorbereitung: 30 Minuten
Garzeit: 1 Stunde 15 Minuten
Ziehen: 15 Minuten

Orangenchips
1 unbehandelte Orange • 50 g Zucker

1 Ananas • 130 g Zucker • 50 ml Orangensaft • 2 ganz frische Eigelb • 125 g Mascarpone • 50 g Kokosraspel, plus Kokosraspel zum Garnieren • 125 g geschlagene Sahne

Den Ofen auf 60 °C vorheizen. Die Orange gründlich waschen und mit Schale in hauchdünne Scheiben schneiden. Aus 100 Milliliter Wasser und dem Zucker einen leichten Sirup kochen. Die Orangenscheiben 15 Minuten darin ziehen lassen, auf ein mit Pergamentpapier bedecktes Blech legen und 1 Stunde im Ofen trocknen.

Inzwischen die Ananas schälen und in kleine Würfel schneiden. In einem Topf 100 Gramm des Zuckers karamellisieren lassen. Sobald er braun wird, den Orangensaft unterrühren, die Ananaswürfel hineingeben und 10 Minuten in dem Karamell garen. Abkühlen lassen und auf die Gläser verteilen.

Die Eigelbe mit dem restlichen Zucker hellgelb und schaumig schlagen. Vorsichtig den Mascarpone unterrühren, dann die Kokosraspel und die geschlagene Sahne unterziehen. Die karamellisierten Ananaswürfel mit der Creme garnieren, mit den kandierten Orangenscheiben und weiteren Kokosraspeln dekorieren und servieren.

TIPP Achten Sie darauf, dass die Orangenscheiben im Ofen nicht karamellisieren. Um Zeit zu gewinnen, können Sie sie am Vortag zubereiten.

KOKOS-VANILLE-SAMOSAS

Für 10 Gläser
Vorbereitung: 50 Minuten
Garzeit: 15 Minuten

250 ml Milch • 1 Vanilleschote • 50 g Eigelb • 50 g Zucker • 20 g Maisstärke • 10 quadratische Frühlingsrollenblätter • 1 Ei, verquirlt • Öl zum Frittieren

Kokoscreme
450 g Joghurt • 250 ml Kokosmilch • 40 g Puderzucker • 25 g Kokosraspel

Eine Konditorcreme *(crème pâtissière)* zubereiten: Die Milch mit der aufgeschlitzten Vanilleschote zum Kochen bringen. Die Eigelbe mit dem Zucker verschlagen und die Maisstärke untermischen. Die heiße Milch zugießen und bei schwacher Hitze 10 Minuten garen. Abkühlen lassen.

Die Frühlingsrollenblätter dritteln. Auf jedes Teigdrittel einen großzügigen Klecks Konditorcreme geben, den Teig darüberschlagen und mit dem verquirlten Ei an den Rändern versiegeln. Die Samosas in Öl frittieren.

Den Joghurt mit der Kokosmilch, dem Puderzucker und den Kokosraspeln verrühren. Die Gläser zur Hälfte mit der Kokoscreme füllen und mit den Samosas servieren.

TIPP Geben Sie im letzten Moment noch eine kleine Kugel Mangosorbet in die Gläser.

Weißer Dessertwein, serviert bei 8–10 °C:
Jurançon, Symphonie de Novembre 2003,
Domaine Cauhapé, Henry Ramonteu, Monein

Für 10 Gläser
Vorbereitung: 45 Minuten
Backen: 20 Minuten
Gelieren: 1 Stunde

Schokoladencreme
250 g Vollmilchschokolade
50 ml lauwarme Milch
500 g geschlagene Sahne

Orangengelee
2 Blatt Gelatine
3 unbehandelte Orangen
100 g Zucker

Schokowürfel
70 g Bitterschokolade
130 g Butter, plus Butter für die Form
2 Eier
100 g Zucker
70 g Mehl, plus Mehl für die Form
70 g Pekannusskerne, gehackt

HELLE SCHOKOLADENMOUSSE MIT ORANGEN-GELEE UND SCHOKOWÜRFELN

TIPP Die Schokoladenmousse und das Orangengelee lassen sich hervorragend am Vortag zubereiten. Und wenn Sie es ganz eilig haben, können Sie für die Garnitur auch zu gekauften Brownies greifen.

Für die Mousse die Vollmilchschokolade im nicht zu heißen Wasserbad schmelzen. Die lauwarme Milch unterrühren und abkühlen lassen. Vorsichtig die geschlagene Sahne unterziehen und die Mousse kalt stellen.

Die Gelatine in kaltem Wasser einweichen. Die Schale einer Orange abreiben und den Saft aller drei Früchte auspressen. Den Saft mit der Schale und dem Zucker zum Kochen bringen, vom Herd nehmen und die gut ausgedrückte Gelatine darin auflösen. In die Gläser füllen und im Kühlschrank 1 Stunde gelieren lassen. Sobald das Gelee fest ist, die Mousse darauf anrichten.

Den Ofen auf 180 °C vorheizen. Die Bitterschokolade im nicht zu heißen Wasserbad schmelzen. Stückweise die Butter untermengen, vom Herd nehmen und die Eier und den Zucker unterrühren. Zuletzt das Mehl und die Pekannüsse einarbeiten.

Eine Kastenform buttern und mit Mehl ausstreuen. Den Teig einfüllen und 20 Minuten im Ofen backen – der Kuchen sollte im Kern noch weich sein. Aus der Form stürzen und in Würfel schneiden. Die Gläser mit den Schokowürfeln garnieren und servieren.

Weißer Dessertwein, serviert bei 8–10 °C:
Jurançon, Symphonie de Novembre 2003,
Domaine Cauhapé, Henry Ramonteu, Monein

Für 10 Gläser
Vorbereitung: 1 Stunde
Garzeit: 1 Stunde 15 Minuten
Ruhen: 1 Stunde
Kühlen: 2 Stunden

Sandplätzchen
3 Eigelb
160 g Zucker
15 g Backpulver
225 g Mehl
160 g kalte gesalzene Butter

Zitronencreme
200 ml Zitronensaft
300 g Zucker
4 Eier
Abgeriebene Schale von 2
unbehandelten Limetten
180 g Butter
400 g geschlagene Sahne

Baisers
50 g Eiweiß
100 g Zucker

Zitronensorbet
500 ml Zitronensaft
500 g Zucker
325 ml Mineralwasser mit Kohlensäure
4 Eiweiß
Limettenspalten zum Garnieren

EINE ART ZITRONENTARTE

Für das Sandgebäck die Eigelbe mit dem Zucker hellgelb und schaumig schlagen. Das Backpulver unter das Mehl mischen und unterrühren. Mit den Fingern die kalte Butter einarbeiten, bis ein homogener Teig entstanden ist. 1 Stunde ruhen lassen.

Den Ofen auf 180 °C vorheizen. Den Teig zwei Millimeter dünn ausrollen und mit einem Ausstecher Kreise ausstechen, die im Durchmesser etwas kleiner als die Gläser sind. Die Plätzchen 12 Minuten im Ofen backen, abkühlen lassen und bis zur Verwendung trocken lagern. Für die Zitronencreme den Zitronensaft, den Zucker, die Eier und die Limettenschale in einer Schüssel vermengen und bei schwacher Hitze im heißen Wasserbad in etwa 10 Minuten auf 85 °C erwärmen. Die Butter unterrühren, dann die geschlagene Sahne unterziehen und die Creme 2 Stunden kalt stellen.

Für die Baisers die Eiweiße mit dem elektrischen Handrührgerät sehr steif schlagen, dabei den Zucker einrieseln lassen. Den Eischnee zwei Millimeter dünn auf ein mit Backpapier ausgelegtes Blech auftragen und einige Stunden im 50–60 °C heißen Ofen trocknen. Abkühlen lassen und mit einem Ausstecher runde Baisers ausschneiden, die nur minimal kleiner als die Gläser sind.

Für das Zitronensorbet den Zitronensaft, 500 Milliliter Wasser und den Zucker zum Kochen bringen. Vom Herd nehmen, das Mineralwasser und die Eiweiße unterrühren. Die Masse durch ein Sieb passieren und dann in der Eismaschine gefrieren. Zum Anrichten die verschiedenen Bestandteile übereinander in die Gläser schichten. Lassen Sie sich von der Fantasie leiten und kontrastieren Sie verschiedene Aromen und Konsistenzen. Die Baisers können Sie unter dem heißen Grill oder mit einem Gasbrenner karamellisieren. Grundgedanke ist, sämtliche Elemente einer Zitronentarte aufzunehmen, ohne sie miteinander zu vermengen.

TIPP Lassen Sie das Sandgebäck nicht vollständig auf dem Blech auskühlen, sondern nur 5 Minuten. Dann vorsichtig mit einem Pfannenwender ablösen und auf ein Kuchengitter setzen, so bleibt es schön knusprig.

Rosé-Champagner brut,
serviert mit 8 °C: Champagne
Laurent Perrier rosé brut,
Domaine Laurent Perrier,
Tours-sur-Marne

Für 10 Gläser
Vorbereitung: 1 Stunde
Garzeit: 15 Minuten
Kühlen: 6 Stunden

Schaumzucker
5 Eiweiß
9 Blatt Gelatine (18 g)
500 g Zucker
100 g Glukose (aus dem Reformhaus)
2 Vanilleschoten

Pistaziencreme
500 ml Milch
125 g Pistazienpaste
5 Blatt Gelatine
6 Eigelb
100 g Zucker
500 g geschlagene Sahne

100 g grob gehackte Mandeln
50 g feiner Zucker

PISTAZIENCREME MIT MANDELN UND SCHAUMZUCKER

Für den Schaumzucker die Eiweiße steif schlagen. Die Gelatine in kaltem Wasser einweichen. Den Zucker mit der Glukose und 200 Milliliter Wasser auf 138 °C erhitzen. Die gut ausgedrückte Gelatine und das ausgekratzte Mark der Vanilleschoten unterrühren. Den heißen Sirup unter ständigem Schlagen mit dem Handrührgerät in den Eischnee gießen und so lange weiterschlagen, bis die Masse kalt ist. Eine Kastenform mit Frischhaltefolie auskleiden, den Schaumzucker einfüllen und zugedeckt 6 Stunden kalt stellen.

Für die Creme die Milch mit der Pistazienpaste verrühren und zum Kochen bringen. Die Gelatine in kaltem Wasser einweichen. Die Eigelbe mit dem Zucker verschlagen, langsam unter Rühren die heiße Milch zugießen und wie eine Englische Creme behutsam erhitzen, bis die Mischung dick wird, jedoch nicht aufkochen. Die gut ausgedrückte Gelatine unterrühren, die Masse nicht ganz abkühlen lassen und durch ein Sieb passieren. Vorsichtig die geschlagene Sahne unterziehen und die Creme kalt stellen.

Die Mandeln in einer Pfanne rösten. Unter ständigem Rühren nach und nach den Zucker einstreuen, bis die Nüsse rundherum überzuckert sind. Abkühlen lassen und dabei weiter regelmäßig rühren, damit die Mandeln nicht aneinanderkleben.

Die Zuckermandeln auf die Gläser verteilen und mit der Pistaziencreme bedecken. Den Schaumzucker in Würfel schneiden und auf die in lange Bänder geschnittenen und getrockneten Vanilleschoten stecken (siehe Tipp). Die Gläser mit den Schaumzuckerspießen dekorieren und servieren.

TIPP Wenn Sie die Schaumzuckerwürfel in einer Mischung zu gleichen Teilen aus Speisestärke und Puderzucker wenden, kleben sie nicht aneinander.

Werfen Sie die ausgekratzten Vanilleschoten nicht weg. Gewaschen, in lange Bänder geschnitten und im Ofen getrocknet, sind sie hervorragend als dekorative Spieße geeignet.

Kräftiger Weißwein von guter Struktur, serviert mit 10–12 °C: Elsässer Grauburgunder (Alsace Pinot gris), Réserve personnelle 2002, Domaine Trimbach, Famille Trimbach, Ribeauvillé

KOKOSCREME MIT FRÜCHTEN

Für 10 Gläser
Vorbereitung: 20 Minuten
Kühlen: 1 Stunde

Kokoscreme

3 Blatt Gelatine • 100 g Kokosraspel • 150 g Puderzucker • 100 g zerlassene Butter • 50 ml Sahne • 200 g
geschlagene Sahne • 1 Mango • 1 Victoria-Ananas (ersatzweise Babyananas) • 1 Banane • 500 g Erdbeeren

Die Gelatine in kaltem Wasser einweichen. Die Kokosraspel mit 50 Milliliter Wasser, dem Puderzucker und
der zerlassenen Butter im Mixer zermahlen. Die Sahne
erhitzen, die gut ausgedrückte Gelatine darin auflösen
und unter die Kokosmischung rühren. Die geschlagene Sahne unterheben und die Kokoscreme 1 Stunde
kalt stellen.

Die Mango, die Ananas und die Banane schälen und in
gleichmäßige Würfel schneiden. Die Erdbeeren entstielen und halbieren. Sämtliche Früchte vermengen.

Die Kokoscreme in die Gläser füllen und etwas Fruchtsalat darüberlöffeln. Mit einer weiteren Schicht Creme
bedecken und zuoberst mit Früchten abschließen.

TIPP Dieses schnell zubereitete Dessert wird mit einer
Kugel Eis oder Sorbet (Mango) noch erfrischender.

Beträufeln Sie die Bananen mit Zitronensaft, damit
sie nicht braun anlaufen, besonders, wenn Sie die
Gläser etwas im Voraus anrichten.

GEWÜRZTE HEISSE →
SCHOKOLADE MIT SCHLAGSAHNE UND PASSIONSFRUCHT

Für 10 Gläser
Vorbereitung: 40 Minuten
Garzeit: 5 Minuten

190 g Bitterschokolade • 40 g Kakaopulver •
50 g Zucker • 1 EL Honig • ½ Zimtstange • Mark von
½ Vanilleschote • Abgeriebene Schale von 1 unbehandelten Zitrone • 3 Passionsfrüchte • 250 ml Sahne •
30 g Puderzucker

Die Schokolade im nicht zu heißen Wasserbad
schmelzen. Den Kakao, den Zucker und den Honig
in 750 Milliliter kochendem Wasser auflösen. Die
Gewürze und die Zitronenschale zugeben und 5 Minuten köcheln lassen. Die Zimtstange herausnehmen
und die geschmolzene Schokolade unter die etwas
abgekühlte Flüssigkeit rühren. Die heiße Schokolade
im Mixer pürieren, durch ein Sieb passieren und in
die Gläser füllen.

Das Fruchtmark der Passionsfrüchte herauslösen.
Die Sahne mit dem Puderzucker steif schlagen. Jede
heiße Schokolade mit einem Sahnehäubchen und
etwas Passionsfruchtmark garnieren und servieren.

TIPP Servieren Sie dazu kleine getoastete Brioches
und eine Auswahl exotischer Konfitüren … eine durch
und durch schmackhafte Ergänzung.

Weißer Likör- oder Dessertwein,
serviert mit 10 °C:
Muscat-du-Cap-Corse 2004,
Domaine Antoine Arena, Patrimonio

Für 10 Gläser
Vorbereitung: 20 Minuten
Garzeit: 25 Minuten

Milchreis
160 g Rundkornreis
700 ml Milch
100 g Zucker
½ Vanilleschote
2 Eigelb
80 g geschlagene Sahne

250 ml Banyuls
500 g Erdbeeren
20 g Butter
30 g Pistazienkerne, gehackt
1 l Sorbet Ihrer Wahl

VANILLEMILCHREIS MIT ERDBEEREN IN BANYULS

Den Ofen auf 180 °C vorheizen. Den Reis in einem Topf mit kaltem Wasser bedecken und zum Kochen bringen. Dann sofort in ein Sieb gießen und kalt abschrecken.

Die Milch mit der Hälfte des Zuckers und der aufgeschlitzten Vanilleschote zum Kochen bringen. Den Reis in eine ofenfeste Form füllen und mit der heißen Vanillemilch übergießen. Mit Backpapier zudecken und 20 Minuten im Ofen garen.

Inzwischen die Eigelbe mit dem restlichen Zucker hellgelb und schaumig schlagen. Über den fertigen Milchreis gießen, sorgfältig unterrühren und abkühlen lassen. Kurz vor dem Anrichten die geschlagene Sahne unter den Reis ziehen.

Den Banyuls auf kleiner Flamme erhitzen, bis er sirupartig eindickt. Die Erdbeeren entstielen, waschen und vierteln. In einer Pfanne die Butter aufschäumen und die Erdbeeren kurz darin schwenken. Zwei Esslöffel des Banyuls und die gehackten Pistazien untermengen.

Den kalten Milchreis in die Gläser füllen und mit den heißen Erdbeeren garnieren. Einige Tropfen Banyuls-Sirup darüberträufeln, eine Kugel Sorbet daraufsetzen und servieren.

TIPP Das Sorbet (Pfirsich ist eine gute Wahl) ist bei diesem Rezept nicht obligatorisch. Zarte Mandelplätzchen passen ebenfalls gut dazu.

Weißer Likör- oder Dessertwein, serviert mit 10 °C: Maury Vintage réserve 2002, Domaine du Mas Amiel, Olivier Decelle, Maury

Für 10 Gläser
Vorbereitung: 30 Minuten
Garzeit: 10 Minuten

Weiße Schokoladenmousse
250 g weiße Schokolade
2 Eigelb
400 g geschlagene Sahne

Crème brûlée
250 ml Zitronensaft
Abgeriebene Schale von
2 unbehandelten Limetten
3 g geriebener Ingwer
8 Eigelb
250 g feinster Zucker
4 Eiweiß
30 g Puderzucker
2 Ananas

Grapefruitplätzchen
100 g weiche Butter
100 g Rohrzucker
100 g feinster Zucker
100 ml Grapefruitsaft
75 g Mehl

WEISSE SCHOKOLADENMOUSSE MIT ANANAS, CRÈME BRÛLÉE MIT ZITRONE UND INGWER

Die weiße Schokolade im nicht zu heißen Wasserbad schmelzen. Aus dem Wasserbad nehmen, die Eigelbe unterschlagen und 25 Milliliter lauwarmes Wasser unterrühren. Vorsichtig die geschlagene Sahne unterziehen und die Mousse kalt stellen.

Für die Crème brûlée den Zitronensaft mit der Limettenschale und dem Ingwer erhitzen; die Eigelbe mit dem Zucker hellgelb und schaumig schlagen. Beides vermengen und wie für eine Konditorcreme unter Rühren behutsam erhitzen, bis die Masse dick wird – nicht aufkochen. Abkühlen lassen. Inzwischen die Eiweiße steif schlagen. Den Eischnee unter die abgekühlte Creme ziehen. Den Ofen auf 170 °C vorheizen.

Für die Plätzchen in einer Schüssel sämtliche Zutaten mit dem Schneebesen verschlagen. Ein Blech mit Backpapier auslegen, mithilfe eines Spatels kleine Teigkreise auftragen und etwa 6 Minuten im Ofen backen.

Die Ananas schälen, vom Strunk befreien und in gleichmäßig kleine Würfel schneiden.

Zum Servieren die Gläser zu einem Drittel mit Schokoladenmousse füllen. Die Ananaswürfel und die Crème brûlée darüberschichten, mit dem Puderzucker bestreuen und mit einem Gasbrenner karamellisieren. Mit den Grapefruitplätzchen dekorieren und servieren.

TIPP Um Zeit zu sparen, bereiten Sie Mousse und Plätzchen bereits am Vortag zu. Den Eischnee ziehen Sie am besten mit einem gelochten Holzlöffel oder einem Schneebesen unter, damit er luftig bleibt und nicht zusammenfällt.

Weißer Likör- oder
Dessertwein, serviert mit
10 °C: Sauternes 2002,
Château La Tour Blanche,
Corinne Reulet, Bommes

Für 10 Gläser
Vorbereitung: 30 Minuten
Tiefkühlen: 6 Stunden

Grüntee-Parfait	Schokoladencreme
50 g Zucker	40 g Bitterschokolade
4 Eigelb	1 Eigelb
1 Blatt Gelatine (2 g)	20 g Zucker
50 ml Sahne	100 g geschlagene Sahne
10 g Matcha-Tee (Grünteepulver)	100 g Mascarpone
225 g geschlagene Sahne	
100 g Bitterschokolade	
10 Minzeblätter	

GRÜNTEE-PARFAIT MIT SCHOKOLADENCREME

Für das Parfait 150 Milliliter Wasser mit dem Zucker vermengen und auf 121 °C erhitzen. Etwas abkühlen lassen und die verquirlten Eigelbe unterrühren. Die Gelatine in Eiswasser einweichen. Die flüssige Sahne aufkochen und vom Herd nehmen. Den Tee und die ausgedrückte Gelatine darin auflösen und die Mischung unter die Eigelbmasse rühren. Die geschlagene Sahne unterziehen, die Parfaitmasse in Mini-Muffinförmchen mit gewölbtem Boden (oder andere geeignete Formen) füllen und etwa 4 Stunden einfrieren. Die gefrorenen Parfaits aus den Formen lösen, jeweils zwei zu einer Kugel zusammensetzen und wieder einfrieren.

Die Schokolade im nicht zu heißen Wasserbad schmelzen und auf 38 °C temperieren. Mit einem spiralförmigen Honiglöffel aus der flüssigen Schokolade einige dekorative Ornamente auf einen Bogen Pergamentpapier zeichnen und im Kühlschrank aushärten lassen. Die Eiskugeln mithilfe kleiner Spieße in die restliche Schokolade tauchen, sodass sie zu zwei Dritteln bedeckt sind. Sofort für weitere 2 Stunden einfrieren. 40 Minuten vor dem Servieren in den Kühlschrank legen.

Inzwischen die Schokoladencreme zubereiten. Die Schokolade im nicht zu heißen Wasserbad schmelzen; das Eigelb mit dem Zucker hellgelb und schaumig schlagen. Nach und nach die flüssige Schokolade unterrühren, dann die geschlagene Sahne und den Mascarpone unterziehen. Die Schokoladencreme in die Gläser füllen.

Kurz vor dem Servieren je eine Kugel Grüntee-Parfait in jedes Glas auf die Creme setzen und mit je einem Schokomotiv und frischem Minzeblatt dekorieren.

TIPP Matcha-Tee, zu feinem Pulver zermahlenen, hochwertigen grünen Tee, finden Sie im Feinkostgeschäft und im guten Teeladen. Er kann nicht durch getrocknete grüne Teeblätter ersetzt werden.

Verwenden Sie zum Zeichnen der Dekomotive aus Schokolade einen spiralförmigen Honiglöffel, indem Sie die Schokolade in einem gleichmäßigen Faden ablaufen lassen.

Champagne millésimé (Jahrgangschampagner), weiß oder rosé, serviert mit 10 °C: Champagne Salon, S de Salon, SAS Champagne Salon & Delamotte, Le Mesnil-sur-Oger

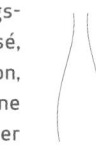

Für 10 Gläser
Vorbereitung: 40 Minuten
Garzeit: 20 Minuten
Kühlen: 2 Stunden
Ziehen: 1 Stunde 10 Minuten
Tiefkühlen: 4 Stunden

Minze-Granité
250 g Zucker
1 Bund Minze
50 ml Pfefferminzlikör
(beispielsweise Get 27)

Kakaogelee
4 Blatt Gelatine
100 g Zucker
100 g Bitterschokolade
50 g Kakaopulver
500 ml Sahne
3 Stangen Süßholz
50 g Kokosraspel
50 g Puderzucker
Geröstete Kokosraspel (nach Belieben)
und Schokospäne zum Dekorieren

KAKAOGELEE MIT MINZE-GRANITÉ UND KOKOS-LAKRITZ-SCHAUM

Für die Granité 500 Milliliter Wasser mit dem Zucker zum Kochen bringen. Die Minzeblätter abzupfen, fein hacken und 10 Minuten in dem heißen Sirup ziehen lassen. Den Sirup durch ein Sieb gießen, den Pfefferminzlikör einrühren und abkühlen lassen. Die Mischung 4 Stunden einfrieren und regelmäßig mit einer Gabel durcharbeiten, damit sich möglichst kleine Eiskristalle bilden.

Für das Gelee die Gelatine in kaltem Wasser einweichen. Aus 500 Milliliter Wasser und dem Zucker einen Sirup kochen. Die kochend heiße Flüssigkeit über die Schokolade und den Kakao gießen und sorgfältig verrühren. Die gut ausgedrückte Gelatine untermischen, die Masse durch ein Sieb passieren, in die Gläser füllen und 2 Stunden kalt stellen.

Die Sahne mit den längs halbierten oder geviertelten Süßholzstangen und den Kokosraspeln aufkochen und 1 Stunde ziehen lassen. Den Puderzucker einrühren, die Mischung durch ein Sieb gießen und dann in einen Siphon, bestückt mit einer Gaskartusche, füllen und kalt stellen.

Kurz vor dem Servieren die Minze-Granité einfüllen, mit einem Kokos-Lakritz-Häubchen garnieren, mit gerösteten Kokosraspeln (nach Belieben) und Schokospänen bestreuen und servieren.

TIPP Ein wunderbares Dessert, dessen Komponenten sich einen halben Tag im Voraus oder sogar am Vortag zubereiten lassen.

Der Kokos-Lakritz-Schaum muss gut durchgekühlt werden, damit er locker und luftig wird.

Sie können die Schokoladenmasse auch in eine Terrinenform füllen und 2 Stunden kalt stellen. Sobald das Gelee gestockt ist, in kleine Würfel schneiden und auf die Gläser verteilen, die Minze-Granité einfüllen und wie oben beschrieben garnieren.

Kräftiger Rotwein, serviert mit 18–20 °C:
Madiran Prestige Château Montus 2002,
Domaines et Châteaux d'Alain Brumont,
Maumusson-Laguian

MOUSSE AU CHOCOLAT MIT FRÜCHTEN UND PISTAZIENPLÄTZCHEN

Für 10 Gläser
Vorbereitung: 1 Stunde
Backen: 12 Minuten

4 Eiweiß • 220 g Zucker • 100 g Pistazien • 2 Eier •
20 g Mehl • 100 g Sauerkirschen, entsteint • 20 g
Himbeeren • 30 g Heidelbeeren • 120 g Vollmilchschokolade • 50 ml Sahne • 140 g Bitterschokolade •
3 Eigelb • 240 g geschlagene Sahne

Den Ofen auf 180 °C vorheizen.

Die Eiweiße mit 50 Gramm Zucker steif schlagen. Die
geschälten Pistazien mit 100 Gramm Zucker, den Eiern
und dem Mehl im Mixer zermahlen. Beide Mischungen
vermengen, auf ein Blech auftragen und 12 Minuten
im Ofen backen. Runde Plätzchen ausstechen, die im
Durchmesser etwas kleiner sind als die Gläser.

Eine Ganache zubereiten: Die Früchte pürieren (einige
Früchte zum Anrichten zurückbehalten). Die Vollmilchschokolade im nicht zu heißen Wasserbad schmelzen.
Die Sahne aufkochen, unter die Schokolade rühren
und das Fruchtpüree untermengen.

Die Bitterschokolade im nicht zu heißen Wasserbad
schmelzen. Aus 70 Gramm Zucker und 70 Milliliter
Wasser einen Sirup kochen und auf 128 °C erhitzen.
Langsam und unter ständigem Schlagen mit dem elektrischen Handrührgerät den Sirup zu den Eigelben
in eine Schüssel gießen und so lange weiterschlagen,
bis die Masse kalt ist. Die Schokolade unterrühren
und vorsichtig die geschlagene Sahne unterziehen.

Die zurückgelegten ganzen Früchte auf die Gläser
verteilen, je ein Pistazienplätzchen einlegen und die
Früchte-Ganache darüberschichten. Zuoberst mit
der Schokoladenmousse abschließen und servieren.

TIPP Bereiten Sie Ganache und Mousse am Vortag zu.

Das Kochstadium des Sirups lässt sich wie folgt prüfen:
Mit einem kleinen Löffel etwas kochenden Sirup ent-
nehmen und in kaltes Wasser tauchen. Wenn der Zucker
kristallisiert und relativ fest wird, sind etwa 128 °C
erreicht. In diesem Stadium befindet sich der Sirup am
Übergang zum Karamell, der sich in der Veränderung
der Farbe ankündigt. Noch einfacher geht es natürlich
mit einem Zuckerthermometer.

SCHOKOLADEN-CHANTILLY MIT PFEFFERMINZEISWÜRFELN

Für 10 Gläser
Vorbereitung: 40 Minuten
Garzeit: 20 Minuten
Tiefkühlen: 6 Stunden

180 g Zucker • 15 g Speisestärke • 50 ml Pfefferminzlikör (beispielsweise Get 27) • 250 g Bitterschokolade •
4 Eigelb • 500 g geschlagene Sahne

100 Gramm des Zuckers und die Speisestärke in
600 Milliliter Wasser auflösen und aufkochen. Etwas
abkühlen lassen und den Pfefferminzlikör unterrühren. Die Mischung durch ein Sieb gießen, in einen
Eiswürfelbereiter füllen und 6 Stunden einfrieren.

Aus dem restlichen Zucker und 80 ml Wasser einen
Sirup kochen und auf 128 °C erhitzen. Die Schokolade im heißen Wasserbad schmelzen. Den Sirup zum
Kochen bringen. Die Eigelbe mit dem elektrischen
Handrührgerät verschlagen und dabei ganz langsam
den kochend heißen Sirup zugießen. Weiterschlagen,
bis die Mischung vollständig abgekühlt ist, dann die
geschmolzene Schokolade unterrühren und vorsichtig
die geschlagene Sahne unterziehen.

Die Schokoladen-Chantilly halb hoch in die Gläser
füllen, je einen Pfefferminzeiswürfel hineingeben
und mit weiterer Schokoladen-Chantilly bedecken.
Sofort servieren.

Weißer Likör- oder Dessertwein, serviert
mit 10 °C: Sauternes 2002, Château La Tour
Blanche, Corinne Reulet, Bommes

FEINES ORANGENGELEE MIT NOILLY-PRAT UND ERDBEERSALAT MIT ZITRONENSCHAUM

Für 10 Gläser
Vorbereitung: 30 Minuten
Marinieren: 10 Minuten
Garzeit: 10 Minuten
Kühlen: 1 Stunde

Orangengelee
3 Blatt Gelatine • 250 ml Noilly-Prat (oder ein anderer trockener weißer Wermut) • 300 ml Orangensaft

Erdbeersalat
400 g Erdbeeren (vorzugsweise Gariguette) • 1 Apfel (Granny Smith) • 2 EL Zucker • 6 Minzeblätter, in feine Streifen geschnitten • 3 EL Noilly-Prat (oder ein anderer trockener weißer Wermut)

Zitronenschaum
300 g Quark • 100 ml Sahne • 25 g Zucker • Saft von ½ Zitrone

Die Gelatine in kaltem Wasser einweichen. 200 Milliliter Noilly-Prat auf die Hälfte einkochen und die gut ausgedrückte Gelatine darin auflösen. Den Orangensaft und den restlichen Wermut unterrühren, das Gelee in die Gläser füllen und 1 Stunde kalt stellen.

Die Erdbeeren waschen und entstielen, den Apfel schälen und vom Kerngehäuse befreien. Die Früchte in kleine Würfel schneiden und mit dem Zucker bestreuen. Die Minze und den Wermut untermengen und die Früchte 10 Minuten marinieren. Den Fruchtsalat über das Gelee in die Gläser füllen.

Den Quark mit der Sahne, dem Zucker und dem Zitronensaft verrühren. In einen Siphon, bestückt mit zwei Gaskartuschen, füllen und kalt stellen. Gelee und Früchte kurz vor dem Servieren mit einem Häubchen Zitronenschaum garnieren.

MINESTRONE VON EXOTISCHEN FRÜCHTEN MIT LIMETTEN-GRANITÉ

Für 10 Gläser
Vorbereitung: 30 Minuten
Tiefkühlen: 6 Stunden

1 Ananas • 1 Kiwi • 2 Babybananen • 1 Mango • 2 Passionsfrüchte • 250 g Zucker • Saft von 5 Limetten • Saft von 2 Zitronen

Die Ananas, die Kiwi, die Bananen und die Mango schälen und das Fruchtfleisch in gleichmäßig kleine Würfel schneiden. Die Passionsfrüchte halbieren und das Fruchtmark herauslöffeln. Sämtliche Früchte vermengen, mit 100 Gramm Zucker süßen und in die Gläser füllen.

Den restlichen Zucker mit 500 Milliliter Wasser zum Kochen bringen. Den Limetten- und den Zitronensaft unterrühren, die Mischung in eine Terrinenform gießen und 6 Stunden einfrieren. Zwischendurch regelmäßig mit einer Gabel durchrühren, damit sich möglichst kleine Eiskristalle bilden.

Die Limetten-Granité über die Früchte in die Gläser schichten und servieren.

TIPP Einige gewürfelte Erdbeeren in dem Früchtecocktail sorgen für einen hübschen Farbtupfer.

Champagne brut rosé, serviert mit 8 °C:
Champagne Billecart-Salmon brut rosé,
François Rolland Billecart, Mareuil-sur-Ay

SCHOKO-KROKETTEN
AUF VANILLECREME

Für 10 Gläser
Vorbereitung: 40 Minuten
Garzeit: 30 Minuten
Kühlen: 1 Stunde
Tiefkühlen: 1 Stunde 15 Minuten

400 ml Sahne • 300 g Bitterschokolade • 200 g Vollmilchschokolade • 5 Eier • 400 g Semmelmehl aus
altbackener Brioche • Öl zum Frittieren

Vanillecreme
250 ml Milch • 1 Vanilleschote • 3 Eigelb • 70 g Zucker •
20 g Mehl • 150 g geschlagene Sahne

Die Sahne erhitzen und vom Herd nehmen. Beide
Schokoladen in kleine Stücke zerbrechen und dann
unter Rühren in der Sahne auflösen. Die Ganache
1 Stunde kalt stellen.

Sobald die Ganache fest ist, mit einem Löffel pro Per-
son zwei oder drei Klöße abstechen und 1 Stunde in
den Gefrierschrank legen.

Die Eier in einer Schale verschlagen, das Semmelmehl auf einen Teller geben. Die Schokoklößchen
in das Ei tauchen, kurz abtropfen lassen und in dem
Semmelmehl wenden. Diesen Vorgang zweimal
wiederholen. Erneut für mindestens 15 Minuten in
den Gefrierschrank legen, bis die Creme fertig ist.

Für die Creme die Milch mit dem ausgekratzten Mark
der Vanilleschote zum Kochen bringen. Die Eigelbe
mit dem Zucker hellgelb und schaumig schlagen. Das
Mehl unterrühren und unter ständigem Schlagen die
heiße Milch zugießen. Die Creme 10 Minuten unter
Rühren garen, bis sie gebunden hat, aber nicht aufkochen. Abkühlen lassen, die geschlagene Sahne
unterziehen und die Creme in die Gläser füllen.

Die Schokokroketten in Öl goldbraun frittieren. Abtropfen lassen, auf der Creme anrichten und servieren.

TIPP Schalten Sie Ihren Gefrierschrank in den Ein-
friermodus (–30 °C), damit die Kroketten wirklich eis-
kalt sind und in dem anschließenden heißen Frittier-
bad nicht schmelzen.

KALTE MATCHA-SUPPE →
UND FRISCHER OBSTSALAT
MIT MARSHMALLOWS

Für 10 Gläser
Vorbereitung: 30 Minuten
Garzeit: 5 Minuten

300 g Zucker • 3 TL Matcha-Tee (Grünteepulver) •
Saft von 1 Zitrone • 2 Pfirsiche • 1 grüner Apfel •
1 Banane • 1 Kiwi • 1 Ananas • 250 g Erdbeeren
10 Marshmallows, in Stücke geschnitten

250 Milliliter Wasser mit 100 Gramm Zucker zum
Kochen bringen. Den Matcha-Tee und den Zitronensaft zugeben, kräftig unterschlagen und die Mischung
durch ein Sieb passieren. Kalt stellen.

Die Pfirsiche, den Apfel, die Banane, die Kiwi und
die Ananas schälen und in gleichmäßig kleine Würfel
schneiden. Die Erdbeeren waschen, entstielen und
ebenfalls würfeln. Beiseitestellen.

Für die Zuckerbänder den restlichen Zucker mit
60 Milliliter Wasser vermengen und auf 128 °C erhitzen. Die Masse mithilfe eines Spatels auf einen
Bogen Pergamentpapier auftragen und zu eben-
mäßigen Bändern verstreichen. Solange die Masse
noch warm ist, die Marshmallow-Stücke auf die
Bänder kleben.

Die Matcha-Suppe und den Obstsalat in separaten
Gläsern anrichten. Den Obstsalat mit den Zucker-
bändern garnieren und servieren.

Champagne Bollinger, Special Cuvée,
Ghislain de Montgolfier, Ay

Für 10 Gläser
Vorbereitung: 40 Minuten
Garzeit: 20 Minuten
Kühlen: 6 Stunden

Pistazienwürfel
250 g Zucker
5 Eiweiß
430 ml Sahne
40 g Pistazienpaste
30 g gehackte Pistazien

Schokoladensuppe
200 ml Sahne
100 g Bitterschokolade
2 ganz frische Eigelb
30 g Zucker

Kaffeeschaum
1 ganz frisches Eigelb
50 g Zucker
125 ml heißer Espresso

SCHOKOLADENSUPPE MIT PISTAZIENWÜRFELN UND KAFFEESCHAUM

Für die Pistazienwürfel den Zucker mit 120 Milliliter Wasser zum Großen Ballen (121 °C) kochen. Die Eiweiße steif schlagen und unter ständigem Weiterschlagen nach und nach den heißen Zuckersirup zugießen – das Ergebnis ist eine Art Baisermasse. Die Sahne steif schlagen, die Pistazienpaste und die gehackten Pistazien untermengen und unter die Baisermasse ziehen. In eine Kastenform gießen und 6 Stunden kalt stellen. Die Masse, sobald sie fest ist, in Würfel schneiden und auf farbige Spieße stecken. Kalt stellen.

Für die Suppe die Sahne erhitzen, über die zerstückelte Schokolade gießen und umrühren, bis sich die Schokolade restlos aufgelöst hat. Die Eigelbe mit dem Zucker hellgelb und schaumig schlagen. Unter die Schokolade rühren und warm stellen.

Für den Kaffeeschaum das Eigelb mit dem Zucker hellgelb und schaumig schlagen. Nach und nach den heißen Espresso zugießen und beständig weiterschlagen, bis die Mischung schäumt.

Die warme Suppe in Gläser füllen, mit einem Häubchen Kaffeeschaum bedecken und mit den Pistazienwürfeln servieren.

TIPP Der perfekte Kaffeeschaum gelingt, wenn man den Stabmixer beim Aufschäumen schräg im 45-Grad-Winkel hält.

Kräftiger Weißwein von guter Struktur;
serviert mit 10–12 °C: Châteauneuf-du-Pape,
Vieilles Vignes 2002, Château de Beaucastel,
Jean-Pierre & François Perrin, Courthézon

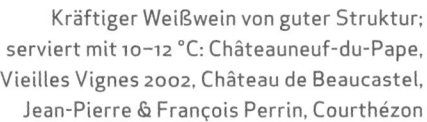

Für 10 Löffel
Vorbereitung: 45 Minuten
Garzeit: 15 Minuten
Ruhen: 2 Stunden

Makronen
250 g Puderzucker
250 g gemahlene Mandeln
40 g Kakaopulver
220 g Eiweiß
500 g Zucker
200 g Himbeermark (aus passierten Himbeeren)

Mascarpone-Creme
2 ganz frische Eigelb
30 g Zucker
125 g Mascarpone
50 g bunte Schokolinsen (beispielsweise M & M's)
125 g geschlagene Sahne

HIMBEER-SCHOKOLADEN-MAKRONEN
AUF MASCARPONE-CREME

Für die Makronen den Puderzucker, die gemahlenen Mandeln und den Kakao verrühren. Die Hälfte des Eiweißes zugeben und alles zu einem weichen Teig verarbeiten.

Eine italienische Baisermasse herstellen: 300 Gramm Zucker mit 75 Milliliter Wasser vermengen und den Sirup auf 117 °C erhitzen. Das restliche Eiweiß steif schlagen und unter ständigem Weiterschlagen den heißen Zuckersirup zugießen.

Beide Massen miteinander vermengen und in einen Spritzbeutel mit Lochtülle füllen. Auf einem mit Backpapier ausgelegten Blech kleine, runde Makronen auftragen und bei Raumtemperatur 2 Stunden ruhen lassen.

Das Himbeermark mit dem restlichen Zucker verrühren, bei schwacher Hitze eindicken lassen und 2 Stunden kalt stellen. Die Makronen 8 Minuten im 180 °C heißen Ofen backen. Die abgekühlten Makronen paarweise mit der Himbeercreme zusammenkleben.

Für die Mascarpone-Creme die Eigelbe mit dem Zucker hellgelb und schaumig schlagen und vorsichtig unter den Mascarpone ziehen. Die gehackten Schokolinsen untermengen (einige davon zum Dekorieren zurücklegen) und die geschlagene Sahne unterheben.

Die Mascarpone-Creme auf chinesischen Glaslöffeln anrichten und je eine Makrone hineinsetzen. Mit gehackten Schokolinsen garnieren und servieren.

TIPP Bereiten Sie die Makronen am Vortag zu und lassen Sie sie vor dem Backen ausreichend lange trocknen. Außerdem sollten sie erst kurz vor dem Servieren mit der Himbeercreme fertiggestellt werden, damit sie nicht aufweichen. Sie können natürlich auch zu gekauften Makronen von guter Qualität greifen.

Weißer Likör- oder Dessertwein, serviert mit 10 °C:
Sauternes 2002, Château La Tour Blanche,
Corinne Reulet, Bommes

Für 10 Löffel
Vorbereitung: 45 Minuten
Garzeit: 15 Minuten
Kühlen: 2 Stunden

6 Eier
375 g Zucker
50 ml Zitronensaft
100 ml Zitronenlikör
(beispielsweise Limoncello)
150 g Butter

250 g geschlagene Sahne
125 g Mehl, durchgesiebt
50 ml Amaretto
Kandierte Zitronenzesten
zum Garnieren

AMARETTO-BISKUITS MIT ZITRONENCREME

Drei Eier und 150 Gramm Zucker hellgelb und schaumig schlagen. Den Zitronensaft und den Zitronenlikör vermengen und zum Kochen bringen. Unter ständigem Rühren langsam in den Eierschaum gießen und im heißen Wasserbad erhitzen, bis die Mischung dick wird – nicht aufkochen! Aus dem Wasserbad nehmen, die Butter unterrühren und die Masse abkühlen lassen. Vorsichtig die geschlagene Sahne unterziehen und die Masse 2 Stunden kalt stellen.

Den Ofen auf 210 °C vorheizen. Die restlichen drei Eier trennen und die Eiweiße mit 125 Gramm Zucker steif schlagen. Das Mehl mit den Eigelben verrühren und mit dem Eischnee vermengen. Die Biskuitmasse auf einem mit Backpapier ausgelegten Blech verstreichen und in 5 Minuten goldbraun backen.

Die restlichen 100 Gramm Zucker mit 100 Milliliter Wasser vermengen und zu einem Sirup kochen. Den Amaretto unterrühren.

Aus dem Biskuit kleine Plätzchen von der Größe einer Zwei-Euro-Münze ausstechen und in dem Amaretto-Sirup tränken. Die Zitronencreme mithilfe eines Spritzbeutels aufspritzen, jeweils zwei Plätzchen übereinandersetzen und auf Löffeln anrichten. Mit kandierten Zitronenzesten garnieren und servieren.

TIPP Für eine alkoholfreie Version können Sie den Limoncello durch Bitter Lemon und den Amaretto durch einige Tropfen Bittermandelextrakt ersetzen.

Limoncello

TEIGRÖLLCHEN MIT SCHOKO-HIMBEER-FÜLLUNG UND GRANATAPFELSAUCE

Für 10 Gläser
Vorbereitung: 20 Minuten
Garzeit: 15 Minuten
Ruhen: 1 Stunde

250 ml Sahne • 250 g Bitterschokolade • 300 ml Granatapfelsirup • 15 Frühlingsrollenblätter • 200 g Himbeeren • 1 Eigelb, verquirlt • Öl zum Frittieren • 30 g Puderzucker

Eine Ganache zubereiten: Die Sahne aufkochen und vom Herd nehmen. Die klein gehackte Schokolade hineingeben und umrühren, bis sie sich aufgelöst hat; 1 Stunde kalt stellen.

Inzwischen den Granatapfelsirup bei schwacher Hitze sämig einkochen.

Die Frühlingsrollenblätter der Länge nach halbieren. In der Mitte etwas Ganache auftragen und Himbeeren daraufsetzen. Den Teig darüberfalten, seitlich einschlagen und aufrollen. Die Enden und Ränder mit dem verquirlten Eigelb versiegeln. Die Röllchen im 160 °C heißen Öl goldbraun frittieren.

In jedes Glas etwas Granatapfelsauce geben, je drei Teigröllchen darin anrichten und mit Puderzucker bestaubt servieren.

TIPP Ein Rezept, das sich mit Bananenscheiben und Mangosirup oder nur mit Schokolade und Minzesirup auf vielerlei überraschende Weise abwandeln lässt.

KIRSCH-GAZPACHO →
MIT LITSCHI-GRANITÉ

Für 10 Gläser
Vorbereitung: 20 Minuten
Garzeit: 10 Minuten
Ziehen: 20 Minuten
Tiefkühlen: 6 Stunden

Litschi-Granité
6 Litschis • 300 g Zucker • 100 ml Litschilikör (aus dem Asialaden)

Kirsch-Gazpacho
800 g Kirschen • 300 g Zucker • 1 Vanilleschote

Die Litschis schälen und entsteinen. Den Zucker mit 500 Milliliter Wasser aufkochen und den Sirup über die Früchte gießen. Die Mischung im Mixer pürieren, durch ein Sieb passieren und den Litschilikör unterrühren. 6 Stunden einfrieren und zwischendurch regelmäßig mit einer Gabel durchrühren, damit sich möglichst feine Eiskristalle bilden.

Für den Gazpacho die Kirschen entsteinen. Den Zucker mit 600 Milliliter Wasser vermengen, die Vanilleschote und ihr ausgekratztes Mark zugeben und zum Kochen bringen. Den Sirup über die Kirschen gießen und 20 Minuten ziehen lassen. Die Vanilleschote entfernen, die Mischung im Mixer pürieren und durch ein Sieb passieren. Durchkühlen lassen und in die Gläser füllen. Kurz vor dem Servieren die Litischi-Granité zugeben.

TIPP Geben Sie beim Mixen des Gazpachos einige Eiswürfel zu, so sparen Sie Zeit. Als Garnitur empfehlen sich in Karamell getauchte Kirschen.

Fruchtiger Rotwein, serviert mit 12–14 °C:
Saint-Amour Ondine 2006, La Condemine, Véronique, Cécile & Pierre Janny, Péronne

Für 10 Gläser
Vorbereitung: 30 Minuten
Garzeit: 20 Minuten
Ziehen: 15 Minuten
Tiefkühlen: 6 Stunden

Vanillecreme
4 Eigelb
90 g Zucker
2 Vanilleschoten
500 ml Milch
3 Blatt Gelatine

Schokoladen-Thymian-Schaum
200 ml Milch
10 g frischer Thymian
80 g Vollmilchschokolade
100 ml Sahne

Kaffee-Granité
75 g Zucker
50 ml Kaffeelikör
10 g löslicher Kaffee

VANILLECREME MIT SCHOKOLADEN-THYMIAN-SCHAUM UND KAFFEE-GRANITÉ

Für die Vanillecreme die Eigelbe mit dem Zucker hellgelb und schaumig schlagen. Die Vanilleschoten längs spalten, das Mark herauskratzen und unter die Milch rühren. Die Milch zum Kochen bringen. Die Gelatine in kaltem Wasser einweichen. Die heiße Vanillemilch unter Rühren langsam in den Eierschaum gießen und wie eine Englische Creme behutsam auf 85 °C erhitzen, bis die Mischung dick wird – jedoch nicht aufkochen. Die gut ausgedrückte Gelatine in der Creme auflösen und diese durch ein Sieb passieren. Die Creme in die Gläser füllen und kalt stellen.

Die Milch mit dem Thymian aufkochen und über die zerbröckelte Schokolade gießen. Gut umrühren, bis die Schokolade geschmolzen ist, und 15 Minuten ziehen lassen. Durch ein Sieb passieren, die Sahne untermengen und die Mischung in einen Siphon, bestückt mit zwei Gaskartuschen, füllen. Kalt stellen.

Aus 250 Milliliter Wasser und dem Zucker einen Sirup kochen. Den Kaffeelikör und den löslichen Kaffee unterrühren und die Mischung 6 Stunden einfrieren. Zwischendurch regelmäßig mit einer Gabel durchrühren, damit sich möglichst kleine Eiskristalle bilden.

Jeweils etwas Schokoladen-Thymian-Schaum auf die Vanillecreme spritzen, die Kaffee-Granité einfüllen und servieren.

TIPP Bereiten Sie die Vanillecreme im heißen Wasserbad zu, so ist die Gerinnungsgefahr etwas geringer.

Reichen Sie Löffelbiskuits oder Sandgebäck dazu.

Champagne millésimé
(Jahrgangschampagner), weiß
oder rosé, serviert mit 10 °C:
Champagne Ruinart, Dom
Ruinart, Groupe LVMH, Reims

ANHANG

GRUNDREZEPTE

HELLER GEFLÜGELFOND

Ergibt 2 Liter
Vorbereitung: 35 Minuten
Garzeit: 1 Stunde
Einweichen: 30 Minuten

2 Hähnchenkarkassen • 3 Karotten • 2 Stangen Lauch •
1 Stange Staudensellerie • 1 Zwiebel • 10 Pfefferkörner •
3 Gewürznelken • 1 Bouquet garni (Petersilienzweige,
2 Lorbeerblätter, 3 Zweige frischer Thymian, aromatische
Kräuter)

Die Karkassen in einer Schüssel in kaltem Wasser 30 Minuten wässern. Das Wasser dabei mehrmals wechseln.
Das Gemüse putzen, gegebenenfalls schälen und grob
zerkleinern; die Zwiebel ganz lassen. Die Karkassen in
einem großen Suppentopf mit kaltem Wasser bedecken.
Rasch zum Kochen bringen und beim ersten Aufwallen
sorgfältig abschäumen. Die Hitze reduzieren, das Gemüse,
den Pfeffer, die mit den Nelken gespickte Zwiebel und
das Bouquet garni zugeben und alles etwa 1 Stunde bei
schwacher Hitze garen; dabei regelmäßig abschäumen.
Den Fond durch ein Sieb passieren, abkühlen lassen und
kühl lagern.

TIPP Frieren Sie den Fond in kleinen Portionen ein, die
Sie je nach Bedarf und Menge auftauen können, so
müssen Sie nicht jedes Mal erneut zur Tat schreiten.
Den Fond zunächst nicht salzen, soll er nämlich später
reduziert werden, könnte er zu salzig ausfallen.

BALSAMICO-KARAMELL

Balsamicoessig ist ein sehr milder, relativ zuckerreicher
Essig. Für diesen Karamell wird er in einem Topf bei schwacher Hitze um etwa 80 Prozent reduziert, bis er sirupartig
eingedickt ist: Ein Liter Essig ergibt also 200 Milliliter
Balsamico-Karamell.

Der abgekühlte Karamell ist relativ dickflüssig und lässt
sich je nach weiterer Verwendung durch Zugabe von etwas
Wasser oder Olivenöl auf die gewünschte Konsistenz
verdünnen. Bewahren Sie ihn im Kühlschrank auf. Zur
leichteren Verarbeitung können Sie ihn vor Gebrauch
einige Sekunden in der Mikrowelle verflüssigen.

GEKLÄRTE BUTTER

Ergibt etwa 200 Gramm
Zubereitung: 15 Minuten
Ruhen: 20 Minuten

250 Gramm Butter in einem Topf bei schwacher Hitze
zerlassen und etwa 20 Minuten stehen lassen. Vorsichtig den Schaum von der Oberfläche abschöpfen, ohne
den milchigen Bodensatz aufzuwirbeln. Dann das klare
Butterfett – die geklärte Butter – vorsichtig aus dem
Topf gießen, sodass der Bodensatz zurückbleibt, und
nach Bedarf weiterverwenden.

KANDIERTE TOMATENBLÄTTCHEN

Ergibt 24 Blättchen
Vorbereitung: 35 Minuten
Garzeit: 3 Stunden

6 reife Tomaten • 30 g feiner Zucker • Feines Salz und
weißer Pfeffer • 100 ml Olivenöl

Die Tomaten häuten: Mit einem spitzen Messer die
Stielansätze herausschneiden, die Tomaten an der
Basis kreuzweise einritzen und 15 Sekunden in reichlich kochendes Salzwasser tauchen. Herausheben und
sofort in Eiswasser kalt abschrecken, um den Garprozess zu stoppen. Die Haut abziehen, die Tomaten
vierteln und von den Samen befreien, sodass nur das
Fruchtfleisch zurückbleibt.

Die Tomatenviertel auf ein mit Pergamentpapier
bedecktes Blech legen, mit dem Zucker, feinem Salz
und etwas weißem Pfeffer bestreuen und großzügig
mit dem Olivenöl übergießen. Im 90 °C heißen Ofen
etwa 3 Stunden trocknen. Die »Blätter« sollten am
Ende trocken, jedoch noch weich sein.

TIPP Kontrollieren Sie den Trockenvorgang von Zeit
zu Zeit und drehen Sie das Blech regelmäßig, falls Ihr
Ofen die Hitze ungleichmäßig verteilt.

Mit etwas Olivenöl in Gläser geschichtet, halten sich die
Tomatenblättchen im Kühlschrank mehrere Tage lang.

GEMÜSE À L'ANGLAISE
(AUF ENGLISCHE ART) GAREN

Wählen Sie grundsätzlich einen Topf, der genügend
Platz für die gewünschte Menge Gemüse bietet. Den
Topf mit ausreichend Wasser füllen, kräftig salzen
(etwa 10 Gramm pro Liter) und bei starker Hitze zum
Kochen bringen. Sämtliches Gemüse auf einmal hineingeben und sofort den Deckel auflegen, damit das
Wasser möglichst schnell wieder aufkocht. Sobald
es aufwallt, den Deckel abheben. Eiswasser zum Abschrecken des Gemüses vorbereiten. Das Gemüse
nach der Garprobe (mit einer Messerspitze oder
durch Probieren) herausheben und sofort in dem
Eiswasser kalt abschrecken. Das Gemüse abtropfen
lassen und kühl lagern.

TAUBENJUS, ENTENJUS ODER KANINCHENJUS

Ergibt 2 Liter
Vorbereitung: 25 Minuten
Garzeit: 3 Stunden

2 Karotten • 2 Zwiebeln • 1 Stange Lauch • ¼ Knolle
Sellerie • 1 Knolle Knoblauch • 3 Tomaten • 1 kg Knochen und Parüren (Taube, Ente oder Kaninchen) •
2 EL Erdnussöl • 3 Zweige Thymian • 2 Lorbeerblätter
• Einige Petersilienzweige • Weiße Pfefferkörner

Das Gemüse putzen, gegebenenfalls schälen und grob
zerkleinern. In einer Bratenpfanne die Knochen und
Parüren in dem heißen Erdnussöl braun anbraten.
Das Gemüse, die Kräuter und den Pfeffer zugeben,
alles weitere 5 Minuten Farbe nehmen lassen und
entfetten. Sämtliche Zutaten mit Wasser bedecken
und bei schwacher Hitze etwa 3 Stunden köcheln
lassen. Regelmäßig abschäumen und entfetten.
Die Jus durch ein Sieb passieren und wie gewünscht
weiterverarbeiten.

COURT-BOUILLON

Ergibt 2 Liter

1 l Wasser • 1 Karotte, in Scheiben geschnitten • 1 kleine
Zwiebel, in Scheiben geschnitten • 1 Bouquet garni •
6 Pfefferkörner • 1 TL Salz • 250 ml trockener Weißwein oder 75 ml Essig oder 60 ml Zitronensaft

Alle Zutaten in einen großen Topf (nicht aus Alu-
minium) geben und bei aufgelegtem Deckel zum
Kochen bringen. Den Deckel abnehmen und alles
20–30 Minuten köcheln lassen.

Die fertige Court-Bouillon muss vor der Verwendung
nicht unbedingt durch ein Sieb abgeseiht werden.

REZEPTVERZEICHNIS

REZEPTVERZEICHNIS

REZEPTVERZEICHNIS

ZUTATENVERZEICHNIS

IMPRESSUM

DIE AUTOREN DANKEN
Claude Pourcel
Francis Navarre, Küchendirektor der Pourcel-Gruppe
Romaine Salamone & Jean Christian Lechevalier, Chef-Pâtissiers im Jardin des Sens in Montpellier
Matthieu Godard, Chef-Pâtissier im Sens & Bund in Shanghai
Pierre Altobelli, Küchenchef im Sens & Bund in Schanghai
Yannis Kerachi, Sommelier im Jardin des Sens in Montpellier

Ebenso
dem Team des Jardin des Sens in Montpellier,
Marie-Pierre Vital und Laure de Carrière, Assistentinnen von Jacques und Laurent Pourcel
Philippe Lamboley für seine meisterliche Leitung.

DER FOTOGRAF DANKT
der gesamten Mannschaft des Jardin des Sens für ihre Kompetenz, ihre Einsatzfreude und ihren herzlichen Empfang.
Catherine Nicolas für ihren Sachverstand und ihre Energie.
Seinen Angehörigen, allen voran seiner Frau Virgine
für ihre liebevolle Unterstützung sowie Geneviève und Alain für logistische Hilfe.

DIE STILISTIN DANKT
allen Personen und herausragenden Köchen, die mit ihrem Einsatz und ihrer Leidenschaft zu diesem Werk beigetragen haben.
Michael für sein Talent und die vielen magischen und genussvollen Momente.

Unser Verlagsprogramm finden Sie unter www.christian-verlag.de

Übersetzung aus dem Französischen: Helmut Ertl
Textredaktion: Anja Ashauer-Schupp
Korrektur: Petra Tröger
Satz: Wigel, München
Umschlaggestaltung: Caroline Daphne Georgiadis, Daphne Design

Die Deutsche Nationalbibliothek verzeichnet diese Publikation in der Deutschen Nationalbibliografie;
detaillierte bibliografische Daten sind im Internet über http://dnb.d-nb.de abrufbar.

Gesamtherstellung: GeraNova Bruckmann Verlagshaus GmbH

ISBN 978-3-88472-895-6

Alle Angaben in diesem Werk wurden den Autoren sorgfältig recherchiert und auf den aktuellen Stand
gebracht sowie vom Verlag geprüft. Für die Richtigkeit der Angaben kann jedoch keinerlei Haftung übernommen werden.
Für Hinweise und Anregungen sind wir jederzeit dankbar. Bitte richten Sie diese an:
Christian Verlag
Postfach 400209
80702 München
E-Mail: lektorat@verlagshaus.de